I0076214

# LE SAVOIR-ÊTRE AU SERVICE DE LA RECHERCHE D'EMPLOI

## Xavier LASSUS

ISBN: 978-2-9554240-0-1

Merci à tous ceux qui m'ont soutenu dans ma démarche.

**Caractéristiques de l'oeuvre en couverture**

Oeuvre de Jocelyn Akwaba-Matignon
De la série « Le Maître des Mystères »
Titre : IXBALANKE
Dimension : 100 x 100 cm
Technique : Acrylique et phosphore sur toile
Année : 2015
http://www.akwabamatignon.com

# TABLE DES MATIÈRES

# PRÉFACE

L'auteur n'est pas un homme ordinaire ! C'est un spécialiste de la communication qui pense que « les stratégies de communication ont été conçues pour TOUT vendre ! ». Alors, forcément, sa façon d'aborder la recherche d'emploi n'en est pas moins ordinaire ! En ouvrant ce livre, ne vous attendez pas à ce qu'il vous dise d'emblée comment décortiquer une petite annonce, comment faire face à un entretien d'embauche en vous préparant à répondre aux cent questions les plus usuelles. Vous allez d'abord découvrir que vous êtes un « produit » qui doit apprendre à se vendre auprès d'une entreprise, finalement votre cliente ! Mais connaissez-vous ce client ? Sinon, comment savoir si vous répondez et donc correspondez à ses besoins ? Comment travailler efficacement et durablement en équipe – que vous n'avez pas choisie – (ou « groupe » comme le dit l'auteur) ?

Alors l'auteur nous fait aborder la recherche d'emploi d'un autre point de vue, par une approche systémique pour informer d'abord le profane (toute personne qui ne s'est jamais vraiment intéressée au monde de l'entreprise d'un point de vue « scientifique ») à ce qui se trouve en amont, dans et en aval de l'entreprise, pour arriver, au fil de la lecture, au chercheur d'emploi qui lui vend ses compétences.

Ce livre est un outil de réflexion intéressant que vous pourrez enrichir au fil de votre expérience en tant que chercheur d'emploi (ou vendeur de compétences), explorateur du monde de l'entreprise, conseiller « Pôle Emploi », et toute fonction en relation avec l'aide à la recherche d'emplois (ou vente de compétences). Il n'a pas oublié d'être aussi très pratique compte tenu du thème du livre : vous pourrez assurer le suivi de votre offre de compétences car trouver un emploi, vendre ses compétences, doit finalement répondre à une stratégie commerciale. Cette mission ne peut être le fruit du hasard surtout quand les entreprises se dotent de plus en plus et de mieux en mieux d'un service des Ressources Humaines ou confie cette mission à un consultant, à la recherche de la perle rare.

Gageons que ce concept de Techniques de recherche d'emploi se révèlera être un système « gagnant-gagnant » : pour l'entreprise qui recrutera un vendeur de compétences averti, organisé, persévérant et courageux et pour ce dernier qui travaillera au sein d'une entreprise, en connaissance de cause. C'est en tout cas l'ambition de cet ouvrage et de son auteur.

Nadia LEON-PROSPER

Coach de vie

# INTRODUCTION

Pourquoi lire ce livre alors qu'il existe des centaines d'ouvrages traitant de ce sujet ? Dans ces temps troublés, la recherche d'emploi est un thème central de la littérature. Mais ce sujet, propre à développer des tensions plus que compréhensibles, est à la recherche de nouvelles pistes de développement. C'est pour cela que j'ai voulu l'aborder avec un angle de réflexion jusqu'ici inexploité. Dans ma conception, le demandeur d'emploi est un « produit ». Pendant des années, les entreprises n'ont eu de cesse de perfectionner leurs méthodes de vente. Dans un premier temps, elles étudient la clientèle, puis développent le produit, enfin elles mettent en place la communication adéquate. Cette méthode est aussi applicable au demandeur d'emploi, et la seule différence se situe dans la quantité. Là où l'entreprise cherche le profit dans la multitude de sa clientèle, le demandeur d'emploi n'a besoin que d'un « oui ». En clair, je vous propose d'utiliser une stratégie conçue pour vendre des milliers d'exemplaires afin d'en vendre un seul. J'entends déjà les remarques : je ne suis pas un objet ! Il faut savoir que les stratégies de communication ont été conçues afin de tout vendre de l'inorganique, comme de l'organique, du matériel, comme de l'immatériel. Les stars de cinéma, de la chanson ou tout simplement les Hommes politiques font tous appel à un conseiller en image. Ce dernier leur explique comment bouger et comment parler. Mais surtout, quels sont les thèmes à aborder. Tout ceci dans un seul but : se faire apprécier par la « cible clientèle ». Alors je n'ai qu'une question : pourquoi pas les demandeurs d'emploi ? Tout d'abord, nous aborderons le sujet de la consommation et ses sociologies. L'objectif étant d'essayer de faire émerger le processus d'appartenance dans l'achat. L'entreprise est au service du consommateur, mais tout dans ce monde existe pour une raison. Alors comment et pourquoi l'entreprise a-t-elle pris naissance ? Mais surtout quelles sont ses méthodes de vente ? Puis nous aborderons le salarié à travers son rôle au sein de l'entreprise. Par la suite, je proposerai une nouvelle approche dans la construction du CV et de la lettre de motivation. Bien sûr, je n'oublierai pas d'exposer une stratégie de recherche d'emploi. À la fin du livre, vous trouverez un chapitre traitant de l'entretien. Il a pour objectif de vous faire prendre conscience des erreurs d'interprétations possibles entre le demandeur d'emploi et le recruteur. Nous essayerons alors de trouver des pistes de maximisations de l'échange. Je vous souhaite une bonne lecture.

# LA CONSOMMATION ET SES SOCIOLOGIES

*Confucius*
*Le Maître dit : « Ne vous souciez pas d'être sans emploi ; souciez-vous plutôt d'être digne d'un emploi. Ne vous souciez pas de n'être pas remarqué ; cherchez plutôt à faire quelque chose de remarquable.*

L'objectif de ce chapitre est d'étudier les raisons inconscientes de l'achat. Nous allons aussi analyser les différents processus rentrant en jeu dans le choix du produit. Pour cela, nous détaillerons les relations qui unissent les Hommes. Nous pourrons ainsi comprendre que le seul et unique rôle de l'entreprise est de fournir des objets facilitant le maintien, voire l'amélioration, de ces relations.

## La nécessité d'appartenance

De tout temps, l'Homme possède en lui le besoin

de se réunir en groupe. Cette nécessité a pris naissance dans une optique de défense, ceci face aux dangers qui entourent l'espèce. Ce danger peut prendre forme à travers tout groupe cherchant l'extermination de l'espèce humaine à des fins de possessions de territoires voire d'acquisition de nourriture. Rapidement, notre espèce a adopté comme outils de défense « le nombre », car le dernier est synonyme de puissance, de victoire face aux ennemis. Il a permis à l'espèce humaine de devenir dominante sur terre. Prenons un exemple de pression : un chasseur se retrouve seul face à un tigre, il a de grandes chances que ce dernier obtienne son déjeuner. Maintenant, imaginons que le chasseur fasse partie d'une tribu de chasseurs. Et reprenons la même situation (pression) que la précédente : cinq chasseurs se retrouvent face à un tigre, c'est ce dernier qui a maintenant de grandes chances de servir de déjeuner. Le nombre c'est la puissance ! Il nous a permis de nous défendre, de nous nourrir et de nous multiplier. Beaucoup se sont posé la question de savoir quelle était la plus puissante des armes : l'épée, le canon, le pistolet, le missile ou même le virus. Je vous répondrais sans hésiter le nombre, rien ne peut en venir à bout. En nombre suffisant, vous pouvez tout vaincre. Les armes et l'entrainement n'ont été inventés que pour pallier la différence de quantité.

Mais un défi se positionne en opposition au groupe : le vivre ensemble ! Qui n'a pas conscience de sa difficulté ? Souvenez-vous des émissions de télévision où des individus provenant de divers milieux se devaient de cohabiter dans une maison, voir une île. Les obstacles étaient légions, et pour être totalement francs, les chaines encourageaient aussi cela, les difficultés de gestion interne du groupe sont source d'audiences.

L'objectif prioritaire est d'augmenter le nombre dans le groupe. Mais pour cela, il est absolument primordial de pouvoir conserver un lien entre les individus constituant l'union. Les tensions internes doivent être apaisées, voire réorientées vers l'extérieur. Des processus cognitifs rentrent alors en jeu, le groupe ne fait qu'un, il développe une pensée commune et des sentiments communs. Les membres aiment et détestent en général les mêmes choses. Ils ont en commun une même vision provenant des valeurs du leader.

**Selon J-P Sartre (Critique de la raison dialectique) :**

*« Scellement de l'appartenance. L'intégration des individus en un groupe (taille de caractères) se fait dans le sentiment de l'appartenance. Chaque membre en reçoit une signification nouvelle, le transformant non pas en participant ni en élément d'une totalité, mais en représentant de la totalité du groupe, que ses actes incarneront désormais complètement. À cette phase, étant donné l'identification de chacun au groupe total, il n'y a pas de chef. N'importe qui peut commander, puisque chacun est tous. Le groupe est médiation pour chacun de ses membres à l'égard de chacun des autres. L'appartenance est scellée par le serment. Le serment*

*d'appartenance et de combat commun assure la sécurité de tous mais fait également surgir d'une part l'idéologie du groupe (vue claire de ses objectifs et de ses valeurs) et d'autre part le pouvoir absolu du groupe (comme totalité) sur ses membres. En effet, à partir de ce moment, n'importe qui, agissant au nom du groupe, peut tuer le traître ou dénoncer le membre défaillant qui retrouverait ses intérêts personnels. »*

### *Processus de constitution du groupe*

Nous allons définir les éléments nécessaires à la constitution d'un groupe. Il ne suffit pas de réunir quelques individus afin de lancer le processus. Il faut absolument une pression externe, cette dernière provenant soit d'un autre groupe, soit d'un contexte. C'est ce qu'on appelle « la situation » dans laquelle se situe le groupe. Quand une pression est appliquée sur un groupe d'individus, la première réaction est la fuite, s'il n'est pas possible de satisfaire ce besoin, une appréciation envers la situation vécue prend alors naissance en chaque individu, ainsi qu'un processus de deuil (une question se pose, à savoir si l'appréciation des protagonistes est inhérente au processus de deuil). Dès qu'il y a perte, il y a enclenchement de ce dernier, et ceci, quelle que soit son origine. Nous pouvons perdre un bien, un être aimé, une pensée, un confort, etc. Le processus de deuil est constitué de plusieurs étapes, les individus du groupe vont alors traverser plusieurs phases de ressenties.

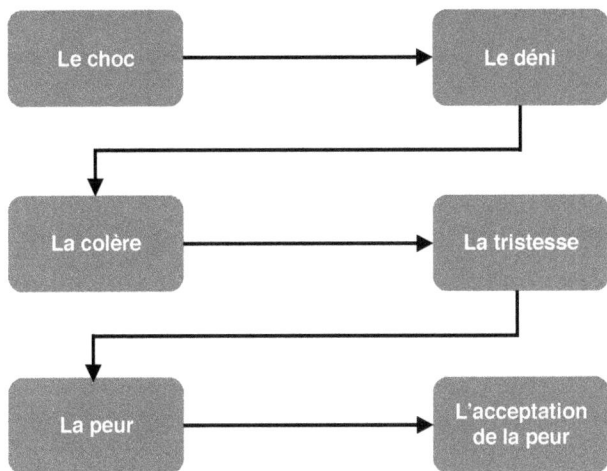

*Processus de deuil*

La durée de vie de chaque phase (entre quelques microsecondes et plusieurs années) dépend du type de perte vécu, et de l'histoire de l'individu. S'il a déjà eu un ou plusieurs déclenchements identiques (même catégorie de pertes) dans le passé ? Et comment leurs gestions se sont-elles effectuées ? Est-il resté bloqué sur une étape ? A-t-il réussi à finir le processus ? Prenons un exemple : vous vous séparez de votre petite amie et vous restez bloqué au stade de la colère. Avec le temps, cette dernière s'estompe, mais vous subissez encore une rupture, puis une autre. Il y a de grandes chances qu'à chacune d'entre elles vous soyez bloqué à ce même stade, et que votre colère soit de plus en plus violente et durable. D'ailleurs, nous rentrons dans un des domaines de la psychologie clinicienne. Face à un patient, le psychologue remonte au souvenir de son premier blocage dans le processus. Ce qui a pour effet de lui permettre de finir ce mécanisme. Et dans la foulée, de le soigner.

Revenons au processus de constitution du groupe : où se situe la perte dans cette situation ? Au niveau de la liberté. L'individu perd sa liberté d'action ou de pensée, il ne peut pas fuir et il est forcé d'utiliser sa réflexion sur le moyen de survivre à la situation. Voilà ce qui explique les comportements de certains individus quand « la situation » imposée est trop contraignante. Sous le choc, il y en a qui se taisent. D'autres n'y croient pas, voire s'énervent. Mais bien sûr, il arrive le plus souvent qu'ils l'acceptent et recherchent des solutions. Vous l'aurez bien compris, tout cela dépend fortement du vécu de chacun. De toute façon, il y a un échange entre les individus, d'abord corporel, puis verbal. Si plusieurs vivent une appréciation identique par rapport à la situation, le processus de regroupement s'installe, ils commencent à constituer un groupe. Qu'est-ce qu'une appréciation ? C'est un jugement sur la situation « je suis d'accord, je ne suis pas d'accord, j'aime, je n'aime pas, etc. »

**1** → Pression sur des individus

**2** → Fuite impossible

**3** → Ressenti identique

**4** → Constitution du groupe

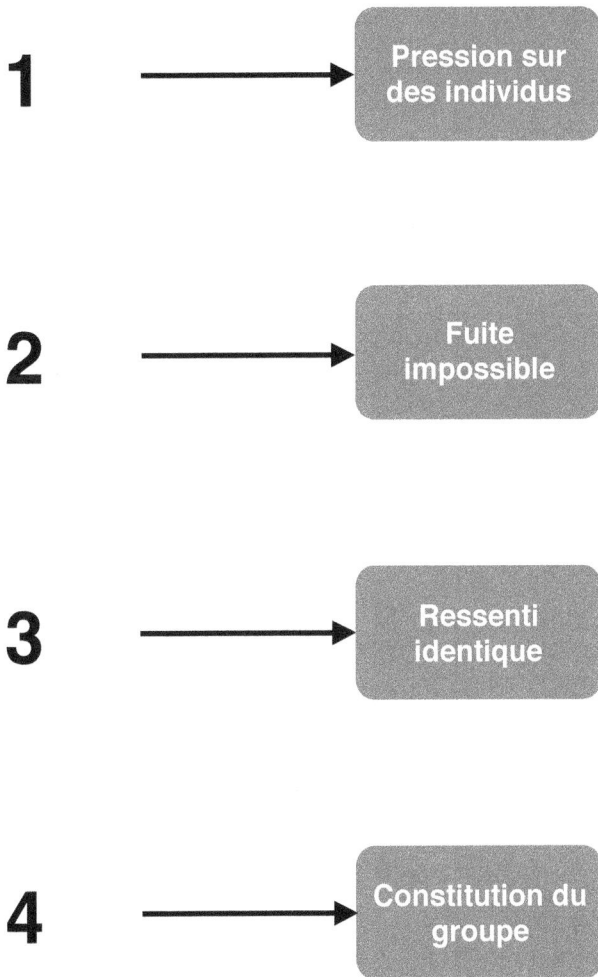

*processus de création du groupe*

Le groupe est pourvoyeur de supériorité numérique, mais pas seulement, il apporte aussi la connaissance. Certes, il est essentiel de résister à la pression, mais il faut aussi savoir comment. C'est pour cela que l'étape suivante, après la constitution, est l'élection du leader. Le groupe recherche, parmi ses membres, celui qui dispose des meilleures capacités lui permettant de survivre à la situation. Et ce dernier est inconsciemment élu leader. Cette dernière assertion va à l'encontre d'une idée reçue, il n'existe pas de capacité de leadership. Nous sommes tous des leaders potentiels, tout cela dépend de la situation. Je vois déjà pointer une question, elle m'est souvent posée lors de mes interventions sur la gestion des groupes. Comment prend-on le leadership ? Simple, il suffit de le demander. Ce n'est pas compliqué de s'imposer, le plus dur est de conserver son leadership. Vous comprenez alors une autre puissance du groupe, plus l'on dispose de membres, plus l'on dispose de leaders potentiels, plus l'on est à même de résister à un panel de situations différentes. Nous sommes tous d'accord, le leader nouvellement élu possède les capacités nécessaires à la survie face à la situation. Mais me diriez-vous, pas les autres membres ? La nature dans sa grande sagesse a trouvé une solution à ce problème « c'est la hiérarchisation ». Les membres du groupe s'organisent de manière pyramidale, avec à leur tête un leader, suivi des lieutenants et des suiveurs.

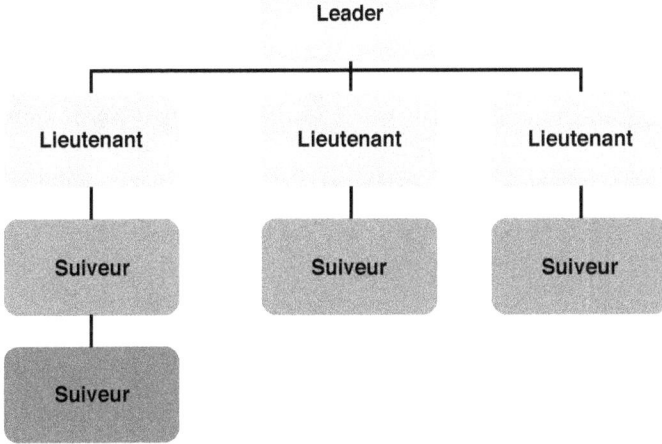

*Modèle type de constitution d'un groupe*

Les suiveurs obéissent aux lieutenants et tout le monde au leader. Vous connaissez cette organisation, elle ressemble à un organigramme d'une entreprise. Eh oui, les notions de gestion et de management de structures proviennent de la dynamique des groupes. Mais pourquoi une hiérarchisation ? Dans quel but ? Laissons Lorenz nous l'expliquer :

**Lorenz**[1] :

*« Les chimpanzés, parfaitement capables, comme on le sait, d'apprendre par imitation véritable, n'imitent, par principe, que des congénères de rang supérieur. L'équipe de Yerkes isola un quelconque membre d'un groupe de ces singes et lui apprit, à lui seul, à se procurer des bananes en manipulant le mécanisme assez compliqué d'un appareil construit dans ce but. Lorsqu'on remit ce singe avec l'appareil dans le groupe, les chimpanzés de rang supérieur essayèrent bien de lui enlever les bananes gagnées par son travail, mais aucun n'eut l'idée d'observer cet être méprisé pour apprendre quelque chose de lui. Ensuite, on fit apprendre de la même*

*façon au chimpanzé-chef à se servir de l'appareil. Lorsqu'on le rendit à son groupe, les autres l'observèrent avec beaucoup d'intérêt et eurent tôt fait de l'imiter. »*

Pour résumer, « une situation » se présente et des individus doivent y survivre, alors il y a déclenchement du processus de groupe. Un leader est élu en fonction de ses capacités de résistance à la situation, la hiérarchisation s'enclenche ceci afin de transmettre lesdites capacités aux autres membres. Et là, nous touchons du doigt l'énorme défaut de l'outil de défense basé sur le groupe. En effet, le leader ne transmet pas que ses capacités de survie, mais il transmet aussi la grande majorité de ses valeurs. Prenons un exemple simple afin d'expliquer ce phénomène : un groupe d'individus isolés dans une zone hostile, se doit pour survivre, se mettre à la chasse. Ils vont en toute logique élire comme leader le meilleur chasseur. Si ce dernier estime qu'il lui faut manger le cerveau d'un autre être humain pour renforcer sa force, le groupe a de grandes chances de finir cannibale. Ce phénomène permet d'expliquer certains comportements, par exemple les gangs de rues, le leader est très souvent un sociopathe narcissique. Les autres, bien que non disposés à cette tendance, adopteront cette façon de fonctionner et de penser.

*Mucchielli*[2] :

*« Un "climat du groupe" peut changer notre conduite du tout au tout, au point de mettre en question, pour un observateur non averti, l'unité de la personnalité.*

*On constate banalement que tel enfant est "sage comme une image" à l'école, et "insupportable à la maison" (ou inversement), que tel adolescent se comporte comme un forban avec sa bande de camarades, et qu'il est un censeur sévère dans le groupe de ses frères et sœurs… ou serviable et complaisant quand il séjourne dans une famille amie. Tel contremaître, discipliné et calme dans son service ou son atelier, est dans un état d'exaspération permanente chez lui, etc. »*

L'effet du groupe est primordial sur l'individu, car il lui apporte ses plus grandes valeurs et ses plus grands principes. Il nous définit, nous n'évoluons qu'à travers lui. D'ailleurs, il n'existe que trois niveaux de réflexion pour l'Homme :

| | |
|---|---|
| **L'individu seul** | Capable de raisonnement, il lui sera essentiel de sauvegarder sa propre personne |
| **Le groupe** | Capable d'un raisonnement limité, sa priorité est la sauvegarde du groupe. Peut aboutir à des décisions illogiques |
| **La foule** | Incapable de raisonner, ne fonctionne qu'au niveau des besoins primaires |

*Niveaux de réflexions de l'Homme*

## *Notions de leadership*

Précédemment, je vous ai expliqué comment prendre le leadership dans un groupe : on le demande. Et que, contrairement aux idées reçues, le plus dur est de le conserver. Le leader a des obligations envers les autres membres, ces dernières sont aux nombres de cinq (les 5 fonctions du leader) :

1. **Organisation active du groupe :** il attribue les rôles de chacun.

2. **Définition de la situation dans laquelle se situe le groupe :** il sait dans quelle situation le groupe évolue.

3. **Centration sur les relations intérieures et la cohésion du groupe :** il régule les dissensions entre membres.

4. **Maintien et promotion des valeurs :** Les valeurs du groupe doivent être respectées, sous peine de sanctions.

5. **Représentation du groupe vis-à-vis des groupes extérieurs :** il est naturellement élu porte-parole du groupe.

Beaucoup de managers et de chefs d'entreprise perdent le contrôle de leurs groupes à cause du non-respect de leurs rôles. Mais, je ne m'attarderai pas sur le sujet. Maintenant, il est temps de vous proposer un processus complet de création, de vie affective et de destruction d'un groupe. Je tiens à préciser que le schéma suivant n'est pas représentatif du fonctionnement du groupe, c'est un exemple parmi tant d'autres. Ce sont des phénomènes extrêmement complexes, même après des années d'analyses et de formations, je suis encore surpris par certains comportements.

**La situation est la suivante :** je réunis 5 individus dans une pièce, ces derniers ne se sont jamais rencontrés. J'exige qu'ils repeignent la pièce, en cas de réussite, ils obtiennent une récompense et en cas d'échec une lourde sanction punitive.

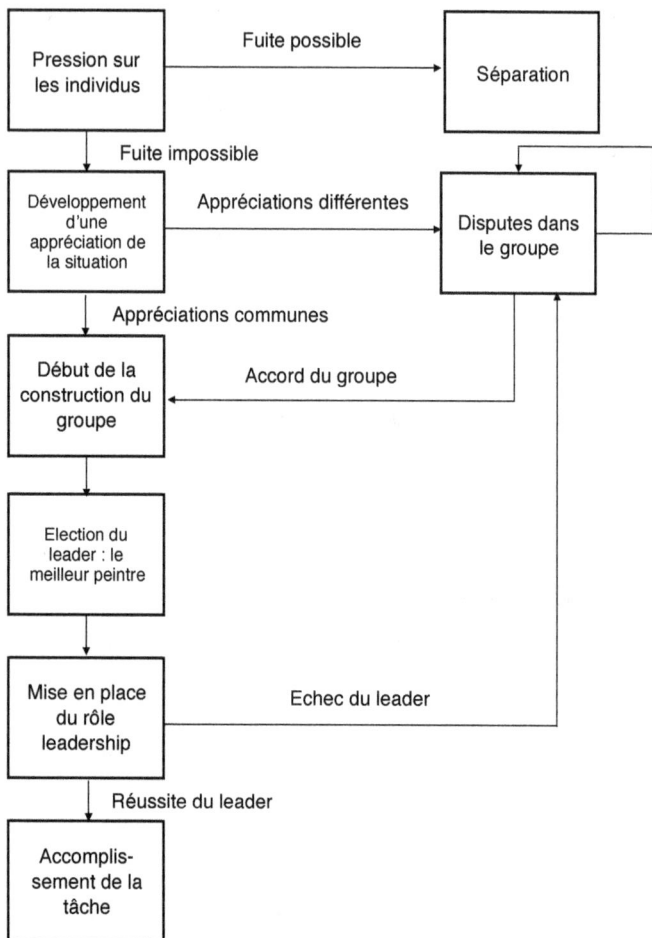

## La nécessité de distinction

Il existe un nombre absolument incalculable de groupes. Nous-mêmes, nous faisons partie de plusieurs groupes à la fois. Constamment, ces derniers se forment et se dissolvent. Ils s'affrontent et s'allient. Mais une question nous brule les lèvres : comment nous différencier ? Comment différencier notre appartenance ? La réponse en est simple : la possession identitaire.

Nous pouvons distinguer deux types : les groupes de référence et les groupes d'appartenance. Les premiers nous apportent la plus grande partie de nos valeurs. Et de plus, ils sont très importants dans notre système de fonctionnement. Nous avons par exemple comme groupe de référence notre famille, nos amis, voire une star de la musique ou du cinéma. En effet, cela peut surprendre, mais le leader n'a nullement besoin d'être présent dans la vie de l'individu. Par exemple, Madonna est le leader de nombreux groupes de référence. Les membres se renseignent alors sur tous les faits et gestes de leur idole, ils copient sa façon de parler, de marcher, de s'habiller, ils s'approprient ses valeurs, leur objectif premier est de lui ressembler.

*Heilbrunn*[3] :

« *Les biens de consommation, en tant que dispositifs culturels, permettent de baliser le rapport à l'autre et d'inscrire un registre de différences entre le même et l'autre. Ils ont donc un rôle essentiellement totémique. Un totem est pour Freud un "objet matériel auquel le sauvage témoigne un respect superstitieux parce qu'il croit qu'entre sa propre personne et chaque chose de cette espèce il existe une relation tout à fait particulière"*[1]. *Les membres d'un clan se définissent en vertu des liens de parenté qui les unissent à leur totem. Ces liens totémiques assignent à chacun d'entre eux sa position par rapport aux autres membres du groupe et définissent le rapport du clan aux autres clans ainsi qu'au reste de l'univers. »*

Parmi la multitude de groupes, il est essentiel de pouvoir se différencier, alors le bien de consommation peut être défini comme un médiateur social. Il permet d'une part de marquer son appartenance à un groupe et d'autre part de marquer sa différence par rapport aux autres groupes. Prenons l'exemple de trois tribus indiennes, vous avez les « une plume », les « deux plumes » et les « trois plumes ». Le nombre de plumes permet de les différencier. En cas de conflits ou en cas de paix, si jamais un membre de la tribu « une plume » rencontre un « deux plumes », il doit savoir si c'est un ami ou un ennemi. Imaginons maintenant que les tribus prospèrent et s'agrandissent, les plumes commencent à manquer. Un homme entreprenant décide alors de les stocker et de les vendre aux trois tribus, ce dernier crée ainsi une entreprise.

Lumerie
Vente de plumes en tout genre

Après, nous pouvons bien sûr complexifier les choses. La tribu « une plume » peut souhaiter cette dernière en provenance d'un aigle. Alors que, la « deux plumes » d'un canard. Cela force notre jeune entrepreneur à diversifier ses produits. De plus, nous pouvons voir aussi apparaitre sur le marché des concurrents, prétextant vendre des plumes de meilleure qualité, voire de dernière génération, et à un coût plus compétitif.

Il est vrai que je n'ai pas expliqué la notion de groupe d'appartenance. Ce dernier est fabriqué : contrairement aux groupes de référence qui se construit par affinité des membres, dans le groupe d'appartenance on nous impose les membres. Nous avons par exemple nos collègues de travail, ainsi que notre famille. Eh oui, il est de coutume de dire que l'on ne choisit pas sa famille.

Le comportement d'un individu évolue au moment où il change de groupe. Il se pare des totems de ce dernier, et en adopte les coutumes et valeurs. Ce comportement est essentiel à sa bonne intégration. Les différents totems peuvent posséder des caractéristiques et une valeur marchande bien disparate, ceci bien sûr aux yeux de leurs possesseurs. Pour un groupe, une plume d'aigle peut valoir de l'or, alors que pour un autre cela ne vaut pas plus que du gazon. Je me permettrais d'appeler cette notion : la hiérarchisation totémique. Elle est rendue possible grâce à un phénomène que nous expliquerons dans le chapitre suivant : l'ancrage.

Dans le jargon professionnel, la plume est appelée « le produit » et l'aigle « la marque ». Les différents groupes ont aussi un nom, ce sont les « cibles clientèles ». Quand une entreprise souhaite lancer un produit sur le marché, elle commence par isoler la « cible clientèle ». Imaginons que notre structure « Plumerie » souhaite lancer des plumes d'aigles d'une autre génération. La « cible clientèle » est alors identifiée : la tribu « une plume ». L'entreprise amorce alors une étude, cette dernière déterminera les préférences et besoins de la cible, dans le jargon c'est l'étude marketing.

***Lendrevie, Lévy, et Lindon***[4] *:*
*« De tous les "publics" auxquels s'intéresse une entreprise, le plus important est souvent celui des consommateurs ou des acheteurs potentiels de ses produits, puisque ce sont eux qui, en définitive, la font vivre. Pour pouvoir s'adapter aux besoins, attentes et goûts de ses clients actuels et*

*potentiels, et pour pouvoir agir sur eux efficacement, une entreprise doit les connaître le mieux possible. [...]Un problème de marketing consiste toujours à se demander quelles décisions on va prendre pour atteindre certains objectifs ou pour faire face à certaines difficultés : faut-il lancer tel produit nouveau ? Quelles cibles de clientèle faut-il viser ? Doit-on modifier la "formule-produit", le packaging, le prix ? Quels thèmes publicitaires doit-on choisir ? Etc. »*

Une fois l'étude marketing terminée, l'entreprise a enfin ses réponses (caractéristiques du produit, prix, thèmes de publicité). Il est maintenant temps de passer la main à la communication, elle va être chargée de la publicité autour du produit.

## L'entreprise pourvoyeuse de distinctions

Avant de s'attaquer plus précisément aux processus de l'entreprise, attardons-nous sur l'ancrage. L'appropriation de la compréhension de cette notion me semble essentielle, pour d'une part la conception de la « technique de recherche d'emploi », mais également pour nous-mêmes, pour notre développement personnel. Prenons un exemple : je me rends dans un grand centre commercial, à une heure de grande fréquentation. Je dépose sur une table, au milieu d'une artère, une pomme. La majorité des gens passeront leur chemin sans se préoccuper du fruit, peut-être quelques-uns voudront le manger, mais oublions-les. On peut se rendre à l'évidence, cette pomme n'a que peu de valeur. Je demande maintenant à Madonna de la prendre et de traverser le centre commercial en la levant, ceci afin que cette dernière soit bien visible par tous. La consigne étant de se montrer avec la pomme pendant plusieurs heures, même si j'imagine que cela me coûtera extrêmement cher. Enfin, je récupère mon produit et je le pose sur la table, phénomène intéressant, sa valeur a été multipliée par 100. Tout le monde voudra la posséder, car l'image de Madonna s'est ancrée sur la pomme. Ceci est rendu possible grâce à deux principes bien précis : le principe d'association et le principe de rareté.

*Plus un produit a une forte image et plus il est rare, plus il vaut cher !*
*Exemple : l'or en opposition au gazon (il y a toujours des exceptions,*
*certains gazons rares valent aussi leur pesant d'or).*

## *Le principe d'association*

Le principe d'association peut aussi être appelé « ancrage », il consiste à associer une information sensorielle (vue, ouïe, ressenti) avec un état interne.

*Cudicio*[5] *:*
*« Si quelqu'un a un souvenir heureux lié à une musique, chaque fois qu'il l'entend, il revit partiellement ce souvenir, c'est un ancrage très classique. Quand il utilise cet ancrage dans d'autres contextes, les effets ont tendance à se renforcer parce que le champ d'application s'est développé. De même que, le sens de l'expérience initialement ancrée avec la musique, va pouvoir se propager et s'enrichir à chaque répétition de l'ancrage. »*

*Tchakhotine*[6] :

*« Essayons de dégager ici les données principales de la théorie des réflexes conditionnés. Voici le fait capital : si on donne à un chien de la nourriture, la salive s'écoule automatiquement. C'est un mécanisme, donné par la nature à l'individu, dès sa naissance, c'est un réflexe inné et absolu, selon la terminologie de PAVLOV. Il va de soi que si nous faisons entendre à un chien quelconque le son d'une sonnette, cette excitation n'aura aucun rapport avec la salivation. Mais si nous commençons à synchroniser les deux faits, la prise de nourriture et l'excitation sonore, si nous répétons cette coïncidence 40, 50 ou 60 fois, nous pouvons constater qu'après apprentissage du système nerveux du chien, le son de la sonnette seul, sans aucune prise de nourriture, déclenche la salivation. »*

C'est un phénomène couramment utilisé dans le domaine de la communication. Je souhaite renforcer l'image d'une marque, ou d'un produit. Je vais alors lui associer d'autres images appréciées par la « cible clientèle ». Reprenons l'exemple des pommes :

- ✓ Image de la pomme seule = j'aime bien les pommes
- ✓ Image de Madonna seule = j'adore Madonna
- ✓ Image de Madonna + Image de la pomme (vues ensemble 40, 50, 60 fois) = J'adore les pommes

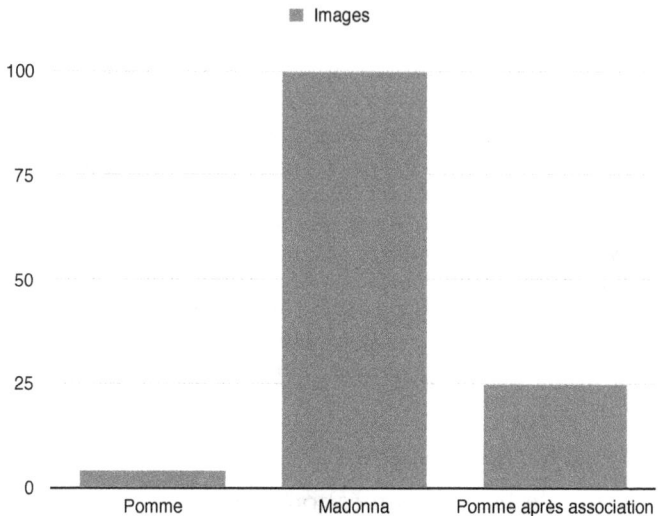

*Images*

| | | |
|---|---|---|
| 100 | | |
| 75 | | |
| 50 | | |
| 25 | | |
| 0 | | |

Pomme — Madonna — Pomme après association

*Principe d'association*

Il existe deux sortes d'images : les positives et les négatives. Mais, par mesure de sûreté, on ne doit jamais associer une négative avec une positive. Ceci pour une raison simple, on ne peut pas prévoir le résultat. Afin d'illustrer plus précisément ces propos, prenons un exemple de 4 produits ou individus ; et combinons-les.

1. Madonna = 100
2. Mc donald's = 150
3. L'exploitation des enfants = -200
4. Nouveau parfum de marque méconnue (Tempête) = 0

Pour effectuer une bonne association, il est nécessaire que les deux produits ou individus soient vus ensemble. Et ceci de manière répétée, afin de bien ancrer l'image. D'où le principe des publicités, ce sont tout simplement des ancrages auprès de la clientèle.

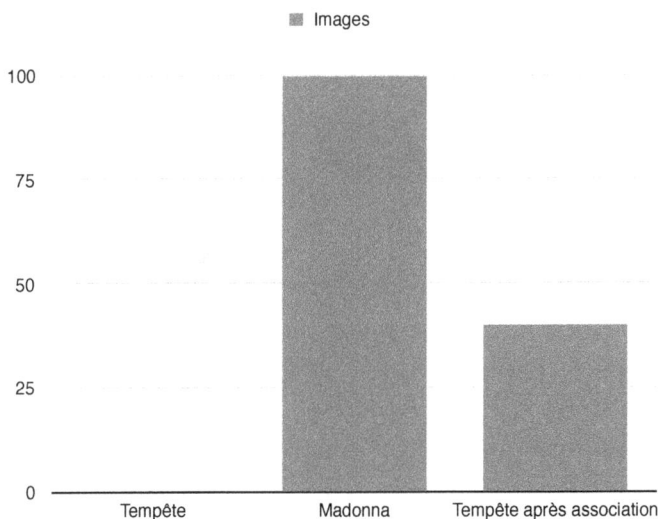

*Cas n°1 : association entre Madonna et le parfum de marque méconnue (Tempête)*

Le concepteur aura tout intérêt à payer Madonna afin qu'elle fasse une promotion sur le produit (publicité, télévision, affiches, etc.). L'image de ce dernier s'en trouvera valorisée, ainsi que sa valeur. Vous l'aurez bien compris, la valeur suit l'image. Plus cette dernière est élevée, plus l'entreprise pourra vendre ses produits à un coût élevé.

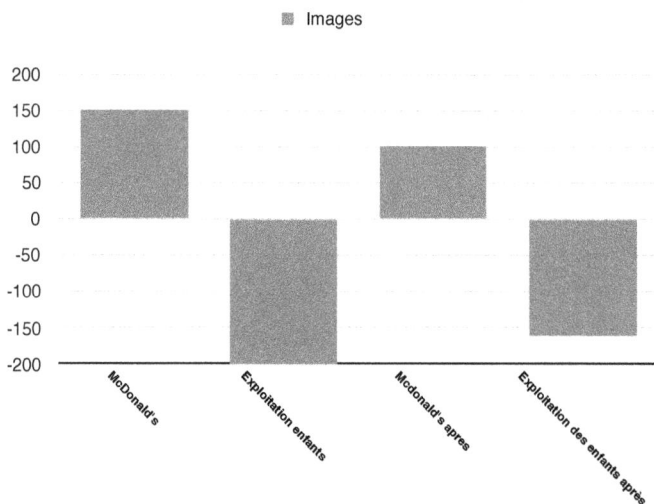

■ Images

| | 200 |
| | 150 |
| | 100 |
| | 50 |
| | 0 |
| | -50 |
| | -100 |
| | -150 |
| | -200 |

McDonald's    Exploitation enfants    Mcdonald's apres    Exploitation des enfants apres

*Cas n°2 : association entre Mc Donald's et l'exploitation des enfants*

Comme précisé ci-dessus, il est extrêmement complexe d'associer deux images opposées. Nous ne sommes pas assurés du résultat, cela va dépendre de la qualité de la communication et de son objectif. Je vais présenter trois possibilités, ceci dans l'ordre des probabilités (du plus probable au moins probable).

En cas de propagande valorisant l'exploitation des enfants, Mc Donald's prend un sérieux risque de constater une dégradation de son image.

■ Images

300

225

150

75

0

McDonald's   Exploitation enfants   Mcdonald's apres   Exploitation des enfants apres

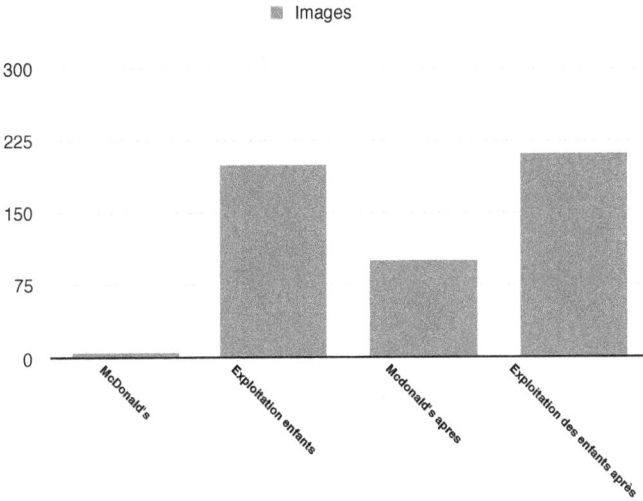

_Valorisation du travail des enfants_

Ce cas peut se produire, si par exemple le groupe souhaite s'implanter dans un pays où l'exploitation des enfants est tolérée, voire encouragée. Mc Donald's aura alors un intérêt certain à la valoriser. Mais tout n'est pas sans conséquence, si dans les pays interdisant cette pratique, on venait à apprendre les actions du groupe, on se retrouverait vite dans la première situation. L'internationalité de la structure lui impose des limites.

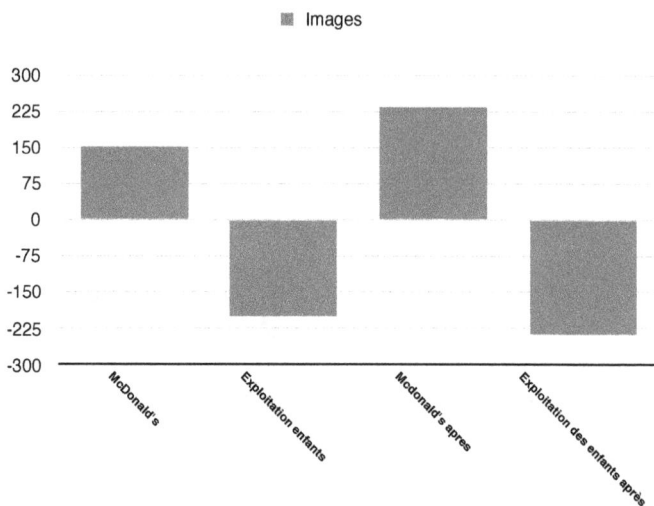

■ Images

| | | | | |
|---|---|---|---|---|
| 300 | | | | |
| 225 | | | | |
| 150 | | | | |
| 75 | | | | |
| 0 | | | | |
| -75 | | | | |
| -150 | | | | |
| -225 | | | | |
| -300 | | | | |

McDonald's — Exploitation enfants — Mcdonald's apres — Exploitation des enfants apres

*Combat contre le travail des enfants*

Dernière situation, Mc Donald's peut décider de faire sa campagne contre l'exploitation des enfants. L'image du groupe se verrait valorisée, alors que celle du travail des enfants se dégraderait. Cette situation est un merveilleux coup médiatique utilisé par beaucoup de structures. De plus, les sujets ne manquent pas (la faim dans le monde, les guerres, les violences faites aux femmes, etc.). Mais n'oublions pas, si Mc Donald's veut s'implanter dans un pays qui tolère l'exploitation des enfants, l'effet sur son image peut s'avérer négatif (l'internationalité).

*En conclusion, avant toute association il est nécessaire de s'assurer du niveau d'image du produit ou de l'individu auprès de la « cible clientèle ». Une mauvaise association peut dégrader l'image de l'entreprise.*

Maintenant, faisons le parallèle avec l'embauche. Lors d'un entretien, la préoccupation première d'un recruteur est l'association. En effet, les salariés sont une partie non négligeable de l'image de la structure. En vous recrutant, il doit être absolument sûr que vous n'allez pas faire fuir le client. Le demandeur d'emploi doit lui aussi choisir ses associations, afin de valoriser sa propre image. Mais attention, ceci vis-à-vis du client. C'est là où se situent beaucoup d'erreurs et de malentendus. Il est essentiel de faire des recherches sur l'image souhaitée par ce dernier, car comme nous l'avons vu plus haut, le client achète le bien de l'entreprise pour mettre en pratique le principe d'association. Il doit être fier de montrer à son groupe sa nouvelle acquisition.

Réfléchissons ensemble sur le cas complexe, mais fréquent de changement de groupe. Si je suis né chez la tribu « une plume » et que je dois aller travailler chez les « deux plumes », j'aurai tendance à m'adapter. Avec ma famille, je porterai une plume, au travail deux. Grâce à cela, j'ai fait évoluer mon image. L'erreur que beaucoup commettent, c'est de réclamer la tolérance. Je suis un « une plume », et je veux le rester partout où je vais. Beaucoup d'entreprises imposent une tenue vestimentaire à leurs salariés, eh oui, c'est de la construction d'image. Elles imposent aussi un protocole de contact, ou de gestion de conflit, avec le client. Pourquoi ? 75% de communication ne sort pas de votre bouche, donc 75% de ce que vous dites est composé par votre style vestimentaire, vos bijoux, votre coiffure, vos gestes, vos expressions faciales, les formes et les couleurs de votre corps. En portant une tenue de football, des chaussures de football et un ballon, je marque mon appartenance au groupe des footballeurs. Les 25% restant de la communication sont composés par l'intonation, le rythme de la voix et le choix des mots. Une entreprise qui souhaite prospérer se doit de construire pour ses salariés l'image voulue par ses clients (code vestimentaire et comportement). Par exemple : je suis un vendeur de fruits et légumes sur le marché. Le simple fait de vendre mes produits en costume-cravate, fera sûrement fuir ma clientèle. Si je suis responsable d'une banque, une tenue composée d'un tee-shirt et d'un short aura sûrement aussi le même effet. L'entreprise ne peut pas se permettre de s'associer avec n'importe qui, elle exige donc de ses salariés une tenue et un comportement en adéquation avec sa politique de communication, et vous devez vous y tenir.

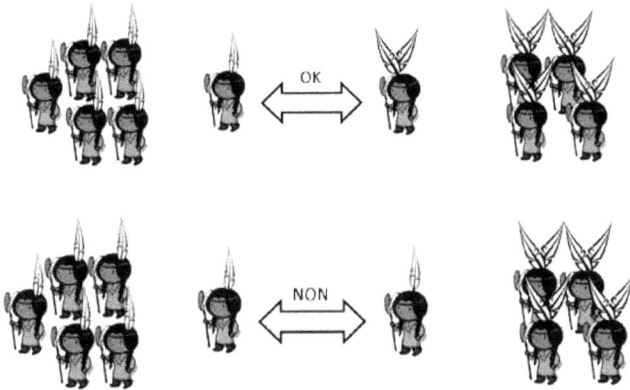

Le choix de votre secteur d'activité est extrêmement important, il doit se rapprocher le plus possible de vos valeurs. Vous n'aurez pas ainsi une trop grande transformation à effectuer. Quand on souhaite intégrer un groupe, il est de notre responsabilité d'en acquérir ses totems (plumes), ceci afin d'opérer une parfaite intégration. C'est à vous d'estimer si ses derniers ne sont pas en contradiction avec les vôtres. Bien sûr, les groupes possèdent une multitude de totems, c'est leur association qui les définit. Ils sont hiérarchisés en fonction de leurs importances (hiérarchisation totémique). Servez-vous de cela pour effectuer une sélection afin de vous intégrer. Mes années de militaire m'ont permis d'observer un comportement qui se positionne en parfait exemple des assertions précédentes. Les enfants de militaires sont souvent cause de problèmes d'autorités, ils grandissent au sein d'un groupe composé de leurs parents et de leurs connaissances. Bien sûr, ces derniers étant le plus souvent militaires eux-mêmes. Les enfants les appellent parfois tontons voire taties. Ils jouent avec eux, plaisantent, se confient. Mais, il arrive que ces fameux enfants décident de devenir eux-mêmes militaires, ils changent donc de groupe. Malheureusement, ils ont tendance à se comporter envers leurs connaissances militaires comme dans le groupe familial. Les deux mondes s'entrechoquent, et très souvent ils sont incapables de faire la différence. Imaginez la confusion qui peut naître quand vous avez l'habitude d'appeler quelqu'un par son prénom, de le prendre dans vos bras et de plaisanter avec lui. Maintenant, vous êtes obligé de le saluer, de le vouvoyer, et d'éviter la fraternisation. C'est pour cela que je dois quitter mes totems (habits, comportement, etc.) quand je quitte un groupe, ceci afin d'en adopter d'autres.

## _La notion de marque_

Il est maintenant temps d'essayer d'introduire la notion de marque. Nous avons vu dans le cas des tribus indiennes qu'elles se différenciaient avec le nombre de plumes. Mais il y a aussi l'origine de celles-ci : aigle, hibou, ou autre. Pourquoi ? Parce que tout bien possède une image issue de son ancien propriétaire. Prenons l'aigle, animal majestueux survolant son territoire. Clairement un danger pour tous rongeurs. Il suffit que pour « le groupe-tribu » cet animal prenne une valeur de Dieu, chaque plume possédée est un rapprochement vers ce Dieu. Une attribution de son image divine. Quand je porte sa plume, je deviens ce Dieu. Dans notre société actuelle, l'aigle est la marque, et sa plume est son produit. Il est simple de vérifier cette assertion en réalisant une expérience. Si nous posions sur une table deux téléphones exactement identiques, mêmes capacités, tailles, et couleurs, sur l'un on y appose la marque APPLE et l'autre rien. Ensuite, nous demandons à un groupe de personnes de choisir entre les deux téléphones, en précisant qu'ils sont absolument identiques. La grande majorité choisira l'APPLE, ils choisiront la marque. Conclusion, ce n'est pas le téléphone qui coute 800€, mais le petit logo sur le côté. Je vous rassure, pour beaucoup d'entre nous la marque n'est pas l'égale d'un dieu. Mais, elle véhicule des valeurs que les heureux propriétaires souhaitent s'approprier. Reprenons l'exemple de l'aigle, en m'appropriant sa plume, je deviens l'animal. Si mon groupe le considère comme majestueux, je suis majestueux. Si mon groupe le considère comme le roi de la plaine, je suis le roi de la plaine. L'image d'une marque se construit par ses actions. L'aigle chasse, vole, se comporte comme un grand prédateur. Le groupe l'observe, et ceci de manière répétée, alors l'animal prend de la valeur à leurs yeux. Et, il devient important de posséder un bien provenant de lui.

Pour en revenir à l'association, les entreprises construisent l'image de leur marque. On doit la voir accomplir des exploits, mieux, les produits ou les personnes possédant la « marque » doivent accomplir des miracles. Une fois que cette dernière a pris de la valeur, il suffit de l'apposer sur un produit et de vendre ce dernier à un coût à la hauteur de l'effort accompli. Votre objectif, en tant que salarié, est de valoriser la marque de votre structure (c'est l'image interne). Les clients vous voient agir, et tel l'aigle, si vos actions la valorisent, sa valeur croît. Mais, la réciproque est d'autant plus vraie, tout acte négatif, la détruit.

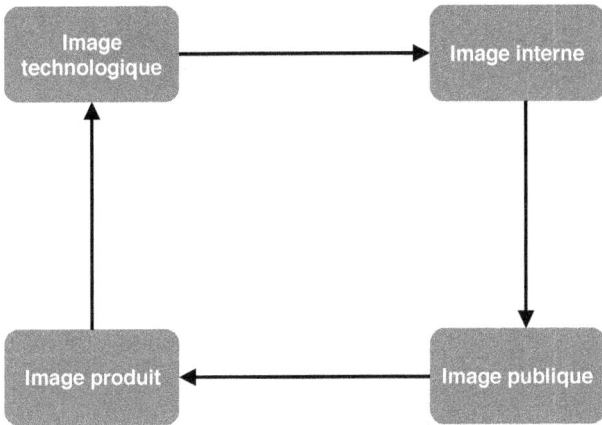

*Constitution de l'image d'une entreprise*

Il est très courant de dire que la communication dirige le monde. Certaines entreprises dépensent des millions afin de parfaire leur image, une seule erreur peut alors coûter très cher. Quand vous demandez une licence McDonald's, l'entreprise mère vous fournit tout le matériel. Vous n'obtenez pas que le nom, mais les couleurs, les machines, la technicité de fabrication et la communication. Pourquoi ? Afin que le client ne sente pas la différence entre les nombreux restaurants de la marque, c'est ce qu'on appelle l'uniformité.

*McDonald's[7] :*
*« McDonald's accorde uniquement un droit de licence à des individus désireux de se consacrer à temps plein à l'exploitation d'un ou plusieurs*

*restaurants McDonald's. Un franchisé investit plus de 1,5 millions de francs par restaurant. Nous nous assurons ainsi que nos restaurants sont toujours exploités par des personnes motivées, animées d'un réel esprit d'entreprise et désireuses de jouer un rôle actif au sein de la communauté locale.*

*Prestations de McDonald's pour les franchisé(e) s :*
- ✓ *site approprié et aménagement intérieur moderne*
- ✓ *programme de formation complet pour le/la franchisé(e) et son équipe*
- ✓ *soutien dans la conduite opérationnelle d'un restaurant McDonald's*
- ✓ *achat des denrées alimentaires et contrôles qualité centralisés*
- ✓ *Public Relations, Marketing et campagnes de publicité nationales*
- ✓ *développement des collaboratrices et collaborateurs »*

En tant que demandeur d'emploi suis-je ma propre marque ? Oui. Et comment me valoriser ? On renforce l'image d'une marque grâce au moyen d'association (vu précédemment), le tout est de bien choisir les autres produits. Reprenons l'exemple des tribus, je suis une « une plume » voulant travailler chez les « deux plumes ». Je vais donc acheter deux plumes de marque poulet par exemple. Ceci afin de valoriser mon image auprès de mon nouveau groupe d'appartenance. N'essayez pas d'imposer de force vos valeurs à l'entreprise, adaptez-vous ! Et surtout, pendant l'entretien d'embauche, il est préférable de faire savoir au recruteur que vous avez compris ce principe. Nous aborderons ce sujet plus loin dans le livre.

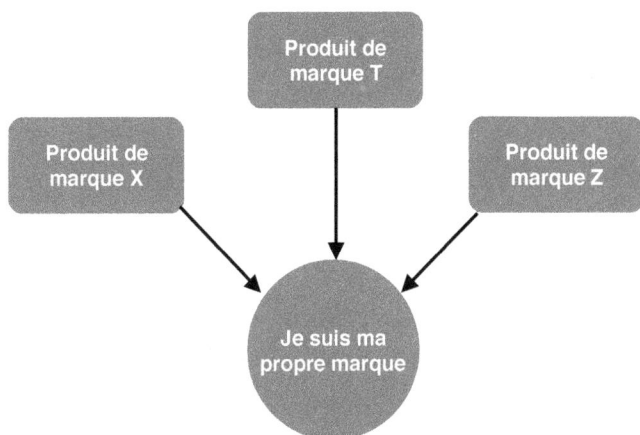

*Je suis ma propre marque*

## Le principe de rareté

Maintenant, il est temps d'étudier le deuxième principe essentiel à l'image : la rareté. À tort, nous pensons que rare signifie dur à trouver, donc cher. Pour la société de consommation, cela signifie « que peu de personnes possèdent ». Le client se sent alors unique, et exceptionnel. « Rare » peut aussi signifier : possédé par une certaine catégorie de personnes. L'entreprise dispose de deux méthodes afin de satisfaire ce besoin, fabriquer une très petite quantité de produits (surtout utilisé pour les bijoux de luxe), ou augmenter le prix. Cette dernière méthode peut aller à l'encontre du principe de rareté. L'entreprise

APPLE l'a utilisée pour son produit IPHONE, et pourtant tout le monde se l'arrache, mais qui se plaindra d'une telle situation !

Pour le salarié, le principe de rareté agit sur sa rémunération, plus vous êtes rare et plus on vous paye cher. Je m'explique, plus vos compétences sont introuvables et plus le prix de votre temps de travail est élevé. Exemple : une entreprise recherche un salarié, si elle a le choix entre 100 profils, elle va pouvoir imposer le tarif de rémunération. Quatre entreprises recherchent un même profil, elles n'ont le choix que parmi 2, ce sont ces derniers qui vont imposer le montant de la rémunération. C'est le principe de rareté !

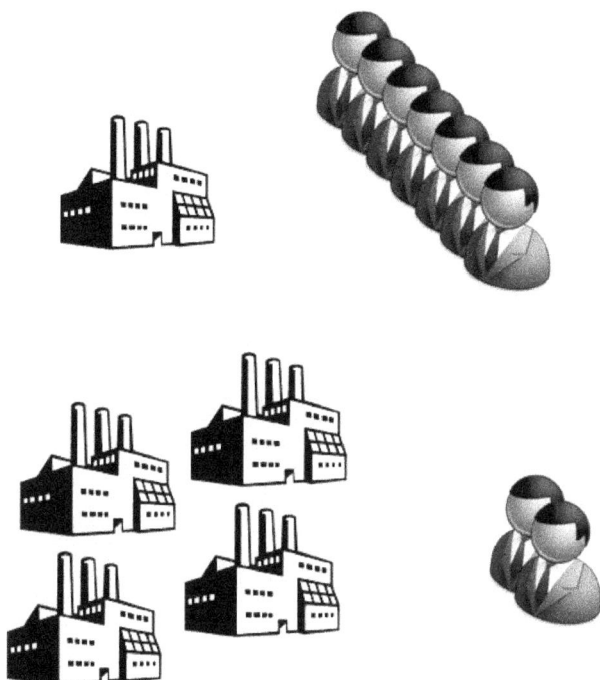

Afin d'augmenter votre rareté, augmentez vos compétences, ceci à travers des formations diverses. Mais, choisissez correctement vos domaines. Il vous faut acquérir des connaissances parallèles et utiles dans votre secteur d'activité. Il vous faut toujours vous mettre à jour des nouvelles technologies, des avancées. N'attendez pas sur votre employeur ! Contrairement aux idées reçues, la formation ne sert pas à trouver un emploi (c'est le rôle du principe d'association), elle sert à conserver un emploi.

Imaginez-vous à la place d'un patron, vous êtes à la recherche d'une assistante de direction. On vous présente deux profils, parfait au niveau de l'association (image), elles peuvent intégrer votre structure. En épluchant leur CV, vous constatez que la candidate n°1 possède les notions de base bureautiques (Word, Excel, PowerPoint). La deuxième possède des notions avancées (programmation de Word, Excel, connaissances avancées de PowerPoint, traitement de mailing, maitrise d'Access). Cette dernière s'installe déjà dans un positionnement à long terme. Si je veux la conserver au sein de mon établissement, je vais devoir y mettre le prix. Alors, pensez-y et démarquez-vous !

*Carré et Caspar*[8] :

*« L'éducation peut être considérée comme un investissement que l'individu effectue afin de constituer un capital productif ; à cela près que ce capital est inséparable de sa personne. Elle explique les inégalités dans la répartition des salaires par l'existence de différences individuelles de productivité qui résultent elles-mêmes de différences d'investissement en capital humain. Une telle liaison peut être exprimée ainsi : les individus qui souhaitent augmenter leurs gains salariaux choisissent d'investir en capital humain ; ils font, à cet effet, l'acquisition de ces biens de production que sont l'éducation et la formation et, par voie de conséquence, voient augmenter leur productivité. »*

En France, nous avons un énorme souci, nous n'avons pas encore adopté le principe de transversalité des métiers. Très souvent, j'ai reçu des demandeurs d'emploi à la recherche d'une formation.

Après étude de leur profil, il s'avère que nombreux furent mal orientés. Nous fonctionnons encore en termes de diplômes, alors que beaucoup de pays fonctionnent en termes de compétences. Je comprends que pour certaines professions sensibles, les diplômes soient nécessaires, dans le milieu de la médecine par exemple. Mais pour une grande majorité des carrières, une somme de compétences suffit largement. Je me souviens encore des entretiens de recrutement de mon père, ceci lorsque je travaillais avec lui dans le bâtiment. Il ne demandait pas de CV ni de diplômes, sa première question : sais-tu souder ? Suivi de : montre-moi ! Il avait besoin d'un soudeur et non d'un diplômé ! Un jour, un demandeur passa la porte de l'agence de formation. Elle souhaitait faire une formation de niveau post baccalauréat en comptabilité. Pourquoi ? Parce qu'on lui avait indiqué à « pôle emploi » qu'elle trouverait du travail dans ce milieu. Je lui demandais son niveau scolaire, sa réponse me fit faire un bon : licence en tourisme. Je lui fis alors remarquer qu'elle allait passer sous silence 3 ans d'études après le baccalauréat. Elle me répondit qu'elle ne trouvait pas d'emploi dans le tourisme. En quoi consiste son diplôme, et ceci en termes de compétences : l'accueil, la gestion et la satisfaction du touriste. Un touriste c'est le client d'une ville, alors les techniques enseignées sont les mêmes que pour une chargée de clientèle dans une entreprise. Avec une formation de mise à niveau, elle pouvait le devenir. Les savoirs enseignés dans beaucoup d'études sont très souvent identiques, en faisant un jeu de construction vous pouvez changer de branche. Je prends un exemple : quelle est la différence entre une assistance de direction et une secrétaire médicale ? La dernière connait les termes médicaux.

| Compétence B | Compétence C |
|---|---|
| Compétence B | Compétence C |
| Compétence A | Compétence A |
| Compétence A | Compétence A |
| Compétence A | Compétence A |
| Compétence A | Compétence A |
| **Métier 1** | **Métier 2** |

*Transversalité des métiers*

## Le positionnement de l'entreprise

Il existe une multitude de catégories de produits, et même des catégories de catégories. Exemple, pour les véhicules ces derniers vont du très bas de gamme, à la voiture de grand luxe. Pourquoi ? Parce qu'on ne peut dénombrer l'énorme quantité de groupes. Pour rappel : en langage Entreprise « groupe » se nomme « cible clientèle ». Tout ceci provient du principe de « hiérarchisation totémique ». Les « cibles clientèles » possèdent plusieurs totems. Ces derniers sont hiérarchisés par ordre d'importance. Mais un totem important pour un groupe peut être d'importance moyenne pour autre, voire de faible préoccupation. Faites attention à une notion essentielle : le prix est une des caractéristiques du totem, et non un facteur de hiérarchisation.

*Nous n'achetons pas un bien pour son utilité, mais pour montrer aux autres que nous le possédons.*

Nous possédons une vision différente de la valeur d'un bien. Par exemple : dépenser 500€ cela peut être beaucoup quand vous gagnez 1500€ par mois, mais cela ne vous fait même pas sourcilier quand vous gagnez 6500€ par mois.

| Groupe A | Groupe B | Groupe C |
|---|---|---|
| 1. Voiture prix faible | 1. Chaussures prix élevé | 1. Télévision prix élevé |
| 2. Maison prix moyen | 2. Maison prix moyen | **2. Montre prix moyen** |
| 3. Télévision prix élevé | **3. Montre prix élevé** | 3. Chaussures prix faible |
| 4. Chaussures prix élevé | 4. Télévision prix faible | 4. Bijoux prix moyen |
| **5. Montre prix faible** | 5. Bijoux prix moyen | 5. Voiture prix élevé |

*Hiérarchisation des produits*

L'entreprise est obligée de tenir compte de cette hiérarchisation, car souvent certains biens font partie de la même famille. Imaginons que vous vendez des montres, vous avez le choix d'en vendre à un prix faible (groupe A), prix moyen (groupe B), ou prix élevé (groupe C). En termes de marketing, c'est ce qu'on appelle les gammes. C'est de cette manière qu'on catégorise les entreprises. Elles peuvent vendre plusieurs catégories de biens ou une seule pour les plus spécialisées. Exemple : les magasins Carrefour vont avoir tendance  à se positionner de la manière suivante : moyen et bas de gamme. Leader Price que nous connaissons tous, plutôt de cette manière : bas et très bas de gamme.

L'entreprise se doit de positionner sa marque, afin de satisfaire la demande clientèle :

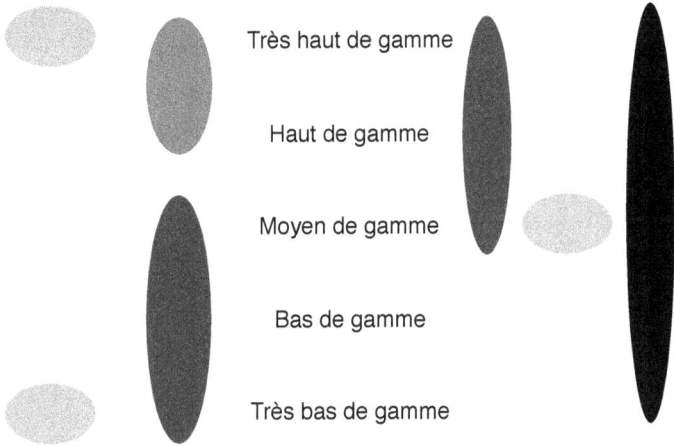

Très haut de gamme

Haut de gamme

Moyen de gamme

Bas de gamme

Très bas de gamme

*L'entreprise se doit de positionner sa marque, afin de satisfaire la demande clientèle*

La stratégie engagée va avoir un impact sur la qualité, le prix et la quantité des produits vendus. Il est pratiquement impossible pour une entreprise de proposer des biens présents sur tous les secteurs. C'est pour cela que très souvent des structures de gestion et de possession de marques apparaissent. Par exemple une boite X inconnue du public, peut posséder une licence Carrefour et Leader Price. Les deux magasins sont distincts et parfois côte à côte dans un même lieu géographique. Mais cela ne correspond pas à une « cible clientèle » identique, donc elles ne se concurrencent en aucune façon.

## Insertion de la notion de valeurs

Dans le développement du concept de groupe, j'ai introduit la notion d'image. Ceci résultait d'un besoin de distinction inhérent à chaque groupe. Mais d'où provient cette nécessité ? Tout simplement des valeurs du groupe, ces mêmes valeurs que le leader transmet. Ces mêmes valeurs qui sont réparties à travers le groupe grâce au concept de hiérarchisation.

*Rezsohazy*[9] *:*

*« Pour certains, le mot "valeur" évoque la philosophie. Pour d'autres, il fait penser à la bourse. Nous allons adopter le point de vue sociologique. Dans cette perspective, tout ce que les hommes apprécient, estiment, désirent obtenir, recommandent, voire proposent comme un idéal, peut être considéré comme une valeur. Des idées, des émotions, des actes, des attitudes, des institutions, des choses matérielles…, peuvent posséder cette qualité en vertu de laquelle ils sont appréciés, désirés, recommandés. Mais ce qui est attractif pour les uns, peut être repoussé par les autres. Ainsi, aux valeurs correspondent des "contre-valeurs" qui sont dépréciées, désapprouvées, rejetées. Le nationalisme et l'internationalisme, la propriété privée et la propriété publique, la liberté et l'égalité, peuvent être, selon telle ou telle personne, des valeurs ou des contre-valeurs. »*

La transmission s'effectue en suivant des étapes bien précises. Il faut d'abord les émettre, c'est le rôle des producteurs (philosophes, artistes, écrivains, etc.). Puis les répéter grâce aux transmetteurs (leaders d'opinions, enseignants, etc.). Ceci est rendu possible parce que les canaux de distribution (télévision, internet, livre, etc.) les diffusent en continu. Donc, cela se résume en trois étapes : émission, diffusion contagion. Quand une société choisit ses stars, elle détermine ses producteurs de valeurs, mais cela n'est pas sans danger. D'ailleurs, ce dernier se situe sur deux niveaux, imaginons une star de la chanson. Célèbre, elle vend des millions d'albums dans le monde, du jour au lendemain, elle annonce qu'elle ne mange pas de viande. Vous risquez de voir votre enfant, fan de cette dernière, se mettre à ne plus manger de la viande, ceci afin d'imiter son idole. Les producteurs de valeurs deviennent célèbres dans une branche (chanson, cinéma, politique, ou autre), mais ce sont des êtres humains, c'est-à-dire qu'ils ont des opinions dans tous les domaines. Et parfois, pour ne pas dire souvent, leurs avis sur d'autres sujets sont dangereux. Ils peuvent par exemple décider que le Président en place n'est plus à leur gout. Il y a un autre aspect de danger, il se situe au niveau des canaux de distribution. Imaginez que vous en possédiez 80% des existants (télévision, journaux, etc.). Alors, vous seriez en mesure de sélectionner les valeurs que vous souhaiteriez transmettre à la population. Pour ne pas vous effrayer, c'est une réalité, les différents journaux dans le monde sont possédés par une minorité de groupes. Heureusement, internet vient perturber tout cela, étant incontrôlable, on peut y trouver toutes les infos souhaitées. Mais le danger d'internet réside dans le fait de notre capacité à pouvoir faire le tri entre la vérité et le mensonge.

| Producteurs | · Prophètes, philosophes, idéologues<br>· Intellectuels, scientifiques<br>· Artistes, écrivains, cinéastes<br>· Les églises, les centres de recherches, les universités |

| Transmetteurs | · Les leaders d'opinions<br>· Les vulgarisateurs<br>· Les enseignants |

| Canaux de distribution | · Les journaux, les livres, la musique, le chant<br>· La radio, la télévision, le cinéma, internet<br>· Le système scolaire |

*Rudolf REZSOHAZY (Rezsohazy[10]) fait la distinction entre producteurs de valeurs, transmetteurs de valeurs et canaux de distribution.*

| | Exemple n°1 | Exemple n°2 | Exemple n°3 |
|---|---|---|---|
| **FORMULATIONS** | Dans la corrida, la cape du toréador est très souvent rouge | Voir à la télévision un reportage sur le carnaval de Rio au Brésil | Voir une grande entreprise délocaliser ou licencier 1000 salariés alors qu'elle fait des bénéfices |
| **RÉPÉTITIONS** | Voir et revoir des toréadors avec des capes rouges | Chaque année | Répété par les médias tout au long de l'année |
| **CONTAGIONS** | La foule associe la cape rouge aux corridas et aux toréadors | La foule associe Rio au Brésil | La foule associe les patrons à l'argent et au chômage |
| **ANCRAGES** | Les taureaux sont attirés par le rouge | La capitale du Brésil est Rio de Janeiro | Les patrons ne pensent qu'à leurs bénéfices et n'ont aucune préoccupation du bien-être de leurs salariés |
| **VÉRITÉS** | Les taureaux distinguent très mal les couleurs | C'est Brasilia | Tous les patrons ne pensent pas de la même façon |

*Exemples de fausses opinions*

## *Hiérarchisation des valeurs*

La hiérarchisation totémique tire son origine de la hiérarchisation des valeurs. Cette dernière nous permet de prendre des décisions, de faire des choix. Par exemple : on vous propose comme dessert un flan nature ou un yaourt allégé sans sucre et sans matière grasse. La valeur « il faut se faire plaisir en mangeant des pâtisseries » va venir en conflit avec « il faut faire attention à son poids ». Une lutte interne se déroulera en vous jusqu'à la prise d'une décision, ce qu'on appelle « la dissonance cognitive[11] ». C'est l'état dans lequel nous nous trouvons quand nous avons du mal à prendre une décision. Plus les valeurs sont proches l'une de l'autre, plus l'état d'inconfort est fort, nous mettons alors en marche le processus nommé « la stratégie de réduction » (Festinger 1957)[12].

C.F. Vaidis :[13]

*Pour exemple, dans l'expérience de Smith (1961), lorsqu'il est demandé à des recrues de l'armée de manger des sauterelles grillées, les participants vont réduire leur dissonance en modifiant leur avis négatif envers cette nourriture uniquement lorsque l'instructeur exécutant la requête est froid et autoritaire – c'est-à-dire lorsqu'ils ne disposent pas d'autres justifications pour réaliser le comportement. En effet, lorsque l'instructeur est aimable, les participants disposent de justifications pour manger le mets redouté et ne changent pas d'attitude. De la même manière, plus un participant est rémunéré pour réaliser un acte allant à l'encontre de ses opinions, moins il ressent de dissonance.*

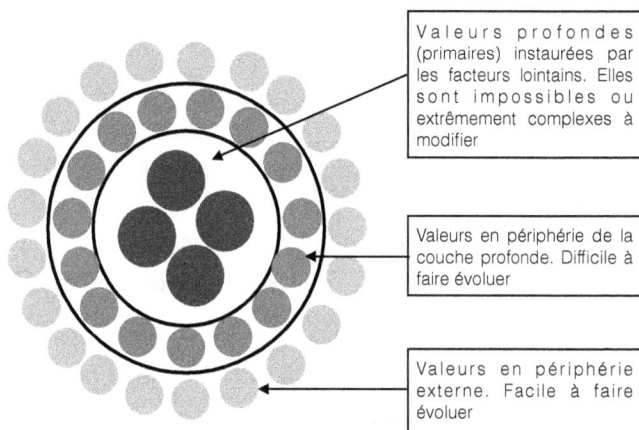

Valeurs profondes (primaires) instaurées par les facteurs lointains. Elles sont impossibles ou extrêmement complexes à modifier

Valeurs en périphérie de la couche profonde. Difficile à faire évoluer

Valeurs en périphérie externe. Facile à faire évoluer

*Hiérarchisation des valeurs*

Lorsque nous devons effectuer un choix, il y a alors apparition de la dissonance cognitive. Plus les valeurs (opinions) sont proches l'une de l'autre, plus la dissonance est forte. Afin de la faire disparaître, nous prenons une décision, la valeur choisie s'enfonce alors dans les couches de la hiérarchisation. Le groupe déclenche ce phénomène en nous grâce au principe de conformisme[14] , c'est ce qui entraîne « la normalisation ».

*Wikipédia*[15] *:*

*« La normalisation est le processus qui permet à un groupe de converger vers une norme commune. Pour pouvoir étudier ce processus expérimentalement, Sherif utilise l'effet autocinétique, une illusion par laquelle un point lumineux de faible intensité semble se mouvoir de façon erratique. Cette illusion a lieu surtout si le sujet ignore la distance qu'il y a entre lui et la lumière et même s'il sait que la lumière ne se déplace pas.*

*Résultats :*

- *Pour les participants seuls, les estimations sont d'abord assez différentes les unes des autres puis cette variabilité diminue progressivement. Le sujet tend à situer ses estimations à l'intérieur d'une fourchette personnelle. Chaque personne a sa propre norme individuelle.*
- *Dans la condition seule puis en groupe, les normes et les variations des sujets tendent à converger vers une norme et variation commune autrement dit, les individus modifient leur système de référence initial pour parvenir finalement à un système commun. Chaque groupe a sa propre norme.*
- *Dans les groupes, on observe l'établissement d'une norme sociale. On constate qu'un individu peut avoir plus d'influence que les autres, c'est l'individu leader ; autour de ses positions se bâtit la norme collective, mais s'il se met à dévier de cette norme, il ne sera généralement pas suivi par les autres.*
- *Dans la condition en groupe puis seuls, les individus utilisent la norme du groupe. Ils ne construisent pas de système de référence personnel, mais utilisent plutôt le modèle construit collectivement.*

*Dans cette situation expérimentale, aucun sujet n'est plus compétent qu'un autre, on pourrait donc s'attendre à ce que la norme collective soit la moyenne des normes individuelles or ce n'est pas toujours le cas. Le leader lui-même modifie sensiblement ses estimations pour qu'elles convergent avec celles des autres. »*

# LE MONDE DU TRAVAIL REVU ET CORRIGÉ

***Lao-Tseu***

*Quand l'Homme vient au monde, il est souple et faible ; quand il meurt, il est roide et fort.*

*Quand les arbres et les plantes naissent, ils sont souples et tendres ; quand ils meurent, ils sont secs et arides.*

*La roideur et la force sont les compagnes de la mort ; la souplesse et la faiblesse sont les compagnes de la vie.*

*C'est pourquoi, lorsqu'une armée est forte, elle ne remporte pas la victoire. Lorsqu'un arbre est devenu fort, on l'abat.*

*Ce qui est grand et fort occupe le rang inférieur ; ce qui est souple et faible occupe le rang supérieur.*

Dans ce chapitre, je vais vous présenter ma vision du monde du travail. Nous commencerons par détailler le salarié dans l'entreprise, puis l'évolution du principe même de salarié.

## Le salarié et l'entreprise

Contrairement aux idées reçues, le salarié ne vend

pas des compétences, mais il vend du temps. Du temps passé au service de l'entreprise. Certes, il y accomplit des tâches, mais le plus essentiel réside dans sa présence et surtout la relation qu'il contribue à créer avec la clientèle. Nous avons vu dans une précédente partie que le salarié est un maillon important de l'image de la structure, ou précisément de la marque (principe d'association). Plus le client l'observera au côté de cette dernière, plus son image progressera. C'est pour cela que lors d'un entretien d'embauche, le responsable, consciemment ou inconsciemment, ne se pose qu'une seule question : le candidat correspond-il aux valeurs de l'entreprise ? Si oui, vous renforcez la structure, sinon, vous l'affaiblissez.

*Votre priorité est de faire en sorte de véhiculer les valeurs de l'entreprise.*

Nous avons aussi abordé le principe de rareté, ce dernier rentre aussi en compte pour le salarié. Plus vous possédez des compétences diverses (mais complémentaires), plus vous devenez rare. En conclusion, plus votre temps prend de la valeur, et plus votre salaire augmente en conséquence. Eh oui, une autre idée reçue complètement fausse : un salaire élevé ne dépend pas de vos compétences, mais de la rareté de celles-ci.

*Notion d'employabilité*

Il ne tient qu'à vous de travailler sur ces deux notions de l'employabilité. Je tiens ici à vous rassurer, il ne vous est pas demandé de changer votre personnalité, voire de vous transformer en un salarié parfait vu à la télévision. Le monde évolue, les mentalités changent, les différents groupes demandent des totems de plus en plus atypiques.

## Travail sur l'image

Comment modifier son image ? Comment envoyer le message souhaité auprès de la « cible clientèle » ? Une notion essentielle peut nous y aider : 75% de la communication est non-verbale[16]. Cela signifie que 75% de ce que vous dites ne sort pas de votre bouche. Vos gestes, votre odeur, votre coiffure, votre couleur de peau et vos vêtements et bijoux représentent 75% de votre message. Voilà ce qui confirme l'argumentation développée précédemment, l'entreprise est pourvoyeuse de totems modifiant votre image :

Odeur ⇒ parfums

Couleur de peau ⇒ maquillage

Forme du corps ⇒ vêtements

Importance, valeur de l'individu ⇒ bijoux

**_Pierson_**[17] :

_« Si votre image ne dépendait que de votre bon plaisir, les entreprises seraient des lieux bigarrés où l'on travaillerait en salopette, en pyjama, en queue-de-pie ou en robe du soir… Les managers viendraient présider une réunion enveloppés dans la cape rouge de Goldorak et la secrétaire porterait des bas résille ou s'affublerait des oreilles de Bunny… »_

```
┌──────────────────┐
│  Sélectionner les │
│   valeurs cibles  │
└──────────────────┘
         │
         ▼
   ┌──────────────────┐
   │ Identifier les    │
   │ marques           │
   │ génératrices des  │
   │ valeurs cibles    │
   └──────────────────┘
            │
            ▼
      ┌──────────────────┐
      │ Sélectionner les  │
      │     totems        │
      └──────────────────┘
               │
               ▼
         ┌──────────────────┐
         │   Se parer des    │
         │      totems       │
         └──────────────────┘
```

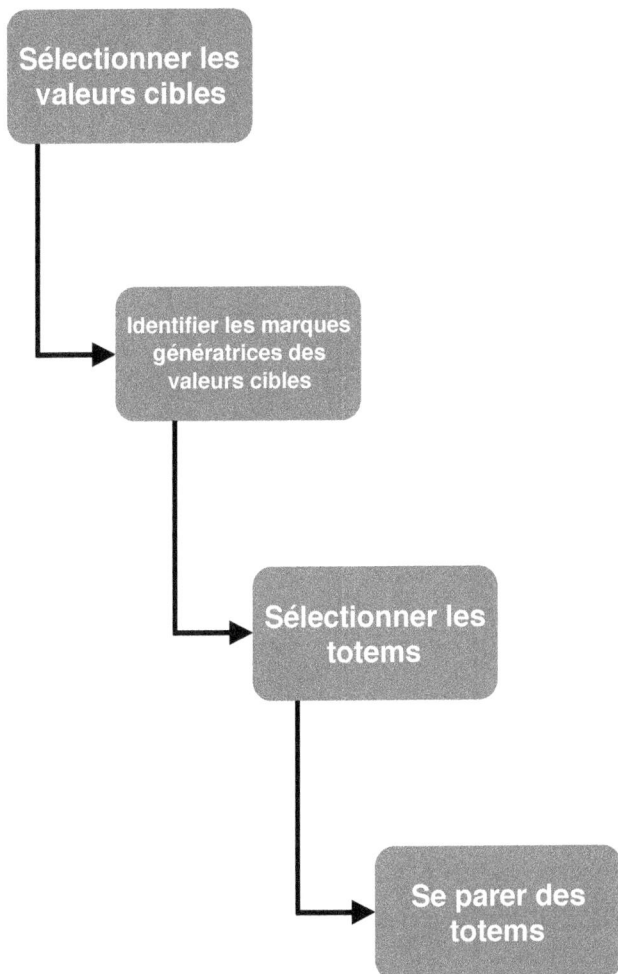

*Processus de choix des totems*

Il vous est nécessaire de bien sélectionner votre secteur d'activité ainsi que la gamme des produits vendus par l'entreprise. Ne soyez pas compliqué, choisissez un style d'image qui se rapproche du vôtre, il vous sera plus simple de vous adapter. Pour illustrer cette assertion, je vais prendre mon propre exemple. La semaine de mon retour en Guadeloupe en 2006, je me suis présenté devant l'entreprise de mon père afin de prendre mes nouvelles fonctions. Je sortais de 5 ans d'armée, et j'allais pour la première fois de ma vie travailler dans une entreprise de bâtiment. N'ayant aucune notion de soudure, mon rôle allait se limiter à la gestion administrative. J'ai toujours été une personne qui aime s'habiller en pantalon, chemise et chaussures de ville. Alors pour mon premier jour, je mis ma plus belle chemise blanche, ainsi que mes plus belles chaussures de ville. Un client de mon père m'ayant vu devant les locaux, lui a alors fait la réflexion suivante : qui est le témoin de Jéhovah qui attend devant ton bureau ? Le lendemain, je vins au travail en jean, Polo. Contrairement aux idées reçues, on juge un livre à sa couverture. En trois secondes, une personne sait si elle va vous apprécier, ou vous fuir. Alors ne négligez pas votre style, adaptez-vous ?

## Etude de la notion d'idée du travail

Le monde du travail évolue, nous sommes actuellement dans une période de crise. Pas d'inquiétude, c'est le mode de fonctionnement normal.

Cette période permet de réorienter les investissements, de détruire des fortunes et d'en créer d'autres. Chose importante, elle permet aussi de casser les monopoles et les ententes du passé. Avant, vous étiez peut-être prédestiné à un choix de carrière peu reluisant, maintenant vous pouvez être qui vous voulez. Mais pour cela, il est nécessaire de ne plus s'attarder sur le passé, et d'accepter cette évolution, vous devez la comprendre et surtout anticiper les nouvelles demandes.

*Le chômage actuel est le résultat de deux causes :*

1. L'évolution du mode de fonctionnement du travail
2. La mort et la naissance de nouveaux secteurs d'activités

| Etudes | Travail | Retraite |

*Ancien mode de fonctionnement*

Précédemment, la carrière d'un salarié lambda pouvait être divisée en trois phases bien distinctes. Une période d'études, où ce dernier acquérait toutes les compétences nécessaires à son employabilité. L'obtention de contrat CDI dans une structure, et son départ à la retraite après 40 ans de bons et loyaux services. D'ailleurs, le contrat CDI a spécialement été créé pour correspondre à ce mode de fonctionnement.

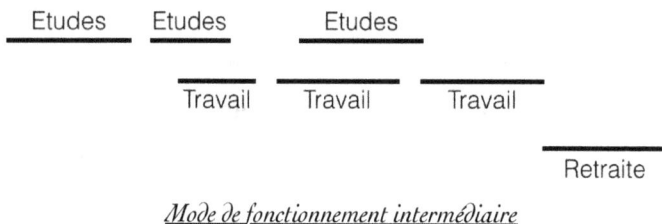

| Etudes | Etudes | | Etudes | |
| --- | --- | --- | --- | --- |
| | Travail | Travail | Travail | |
| | | | | Retraite |

*Mode de fonctionnement intermédiaire*

Actuellement, le salarié évolue entre des périodes de travail, d'études et de chômage. Le contrat CDI ne s'adaptant pas à ce mode de fonctionnement, ceci à cause de son manque de flexibilité. Le CDD est alors apparu, ceci afin de pallier se manque de souplesse. Ce nouveau modèle perturbe notre société, par exemple le système des crédits était basé sur l'ancien modèle, en conséquence plus de rejets des dossiers, ceci pour cause de non-stabilité de l'emploi. La question à se poser n'est sûrement pas : comment restaurer l'ancien mode de fonctionnement ? Mais vers quelle évolution nous dirigeons-nous ?

Etudes     Etudes          Etudes        Etudes

          Travail        Travail       Travail

     Travail            Travail

               Travail

                              Retraite

*Mode de fonctionnement futur*

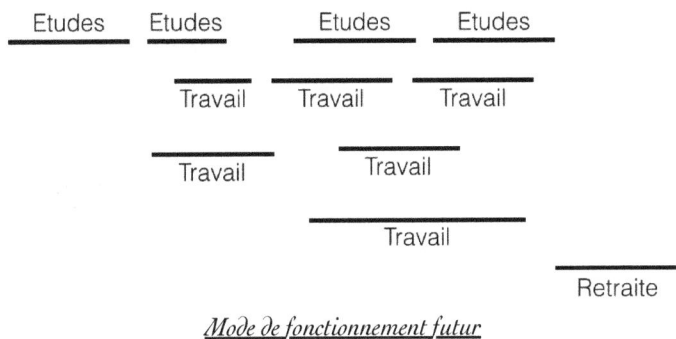

Le salarié devra se maintenir dans une formation constante afin de conserver son employabilité, cela en diversifiant ses compétences. Et, il devra cumuler les employeurs, cela signifie être toujours dans une recherche constante. C'est un système de fonctionnement assez proche des entreprises d'intérims. Par exemple, il travaillera 3 heures par semaine pour une structure ou 2 deux jours dans une autre, et le reste ailleurs. Au total, il pourra ainsi toucher un salaire plein, et même supérieur aux salaires actuels. La diversité des compétences est la clé de ce mode de fonctionnement, et cela répond aux besoins des entreprises. En effet, la demande clientèle étant fluctuante, il faut que l'emploi le soit aussi. Pour information, ce mode de fonctionnement existe déjà, cela s'appelle « l'embauche par un groupement d'employeurs ».

*Ministère du travail, de l'emploi, de la formation professionnelle et*

Les spécialistes de la gestion des ressources humaines (GRH) soutiennent pour la grande majorité que le vrai contrat d'embauche est le CDI. Le CDD n'étant qu'une sorte de contrat temporaire, ce dernier ne servant qu'au dépannage d'une situation dans l'entreprise. La publication de la direction de l'animation de la recherche, des études et des statistiques (DARES décembre 2014 – n° 094), nous apporte une vision différente de cette précédente assertion.

### *DARES décembre 2014 – n°094 (site du ministère du Travail)*[19] :

*« En 2013, pour l'ensemble des établissements du secteur concurrentiel (hors agriculture) de France métropolitaine, 83,6 % des embauches ont été réalisées en CDD (+2,3 points par rapport à 2012), (tableau 1). Dans le tertiaire, principal pourvoyeur de ce type de contrat, la part des CDD dans les embauches s'élève à 85,3 %, en hausse également de 2,3 points. Elle baisse en revanche légèrement dans l'industrie et la construction (respectivement -0,5 point et -1,0 point), avec 67,9 % et 60,6 % d'embauches en CDD en 2013. Quels que soient la taille et le secteur, la majorité des recrutements de l'année sont effectués en CDD. Seuls les établissements de la construction employant 50 salariés ou plus font exception : les recrutements en CDD y restent minoritaires (41,6 %). La part des embauches en CDD y progresse toutefois de 1,8 point par rapport*

*à l'année précédente. »*

Quand un contrat représente 83,6% des embauches, il est absolument préconçu de le considérer comme un contrat de dépannage. L'évolution des valeurs d'une population a parfois des difficultés à suivre l'évolution des valeurs de ses entreprises. Ces dernières se retrouvent obligées de suivre une tendance de globalisation mondiale des échanges, ce qui a pour conséquences de créer une forte concurrentialité de leur marque. Pour vulgariser ce phénomène, je me permets d'emprunter une réflexion de mon professeur de gestion des ressources humaines :

*Les chefs d'entreprises actuels comparent le salarié à un téléphone portable, chaque nouvelle année ils veulent le remplacer par le nouveau modèle.*

Cette vision, certes simpliste et extrêmement péjorative, est pourtant très proche de la réalité. Les chefs d'entreprises souhaitent plus de flexibilité dans leurs choix stratégiques. La masse salariale est devenue un sérieux frein, et ceci dans un monde où chaque euro est un euro. La sécurisation de l'emploi est une notion qui a pris naissance pendant une époque de forte employabilité. Cette notion est devenue, avec le temps, une valeur ancrée dans notre société. Nous vivons actuellement une évolution qui la remet en question, et il faut se rendre tout de suite à l'évidence : c'est l'adaptation ou la disparition. Je ne me fais pas d'illusion, la grande majorité de la population active recherche ou détient un CDI. C'est justement à ce niveau que se situe le problème de notre économie.

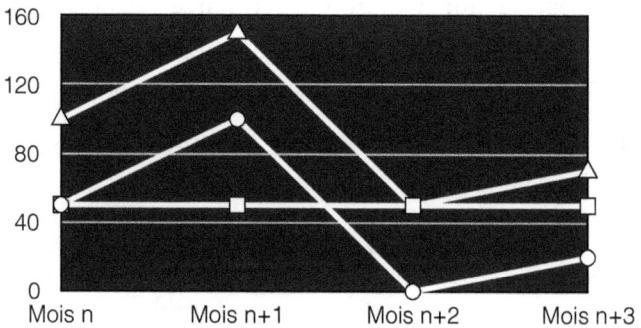

○ Recettes  □ Dépenses salaires  △ Chiffre d'affaires

*Évolution du chiffre d'affaires de l'entreprise dans l'ancien mode de fonctionnement*

La masse salariale restant identique, elle peut influer fortement sur le chiffre d'affaires. Dans une phase de changements, les recettes peuvent ne plus être aussi stables.

○ Recettes　□ Dépenses salaires　△ Chiffre d'affaires

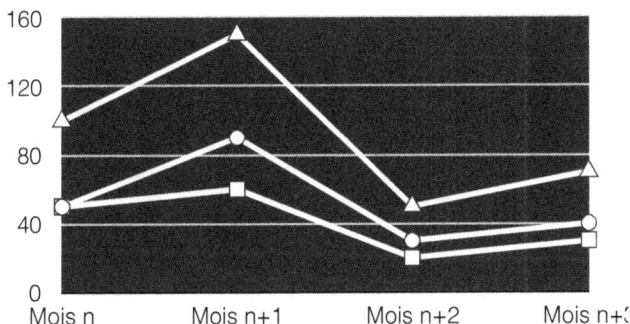

*Évolution du chiffre d'affaires de l'entreprise dans le futur mode de fonctionnement*

Les entreprises militent pour une plus grande flexibilité de l'emploi, mais les salariés ne veulent pas perdre les avantages du CDI. Conséquence, un blocage se forme, le chômage augmente. Mais, ce qu'il faut savoir c'est que certains pays ont déjà fait le choix de la flexibilité :

**Stepstone**[20] :
*« Il y a effectivement de nombreuses alternatives pour promouvoir l'emploi.*
*Voilà pourquoi le taux de chômage aux Pays-Bas compte parmi les plus bas d'Europe avec une moyenne de moins de 5 %. En plus de la fréquence des emplois à mi-temps et temporaires, la flexibilité des contrats de travail est aussi exemplaire. De plus, une limitation des salaires rigoureuse a su tenir le nombre de chômeurs au plus bas aux Pays-Bas. Cependant, la faible conjoncture économique mondiale a tout de même aussi eu des effets en Hollande et a gardé la croissance économique au même taux qu'à la fin*

*des années « 90.*

*Des offres d'emploi sont proposées non tant dans l'industrie de l'HORECA, dans le secteur de la construction, le secteur de la santé que dans le domaine de l'éducation. Les travailleurs hautement qualifiés et les diplômés universitaires sont fortement demandés dans tous ces secteurs d'activité.*

*Même si, dans de nombreux domaines, tout le monde peut se débrouiller avec un bon niveau d'anglais, les personnes qui ne connaissent pas le néerlandais devront au moins montrer une certaine volonté de l'apprendre. Aux Pays-Bas, les contrats de travail prévoient généralement beaucoup de flexibilité et peuvent considérablement se différencier par des avantages sociaux supplémentaires. C'est en rapport à cela que certaines sociétés accordent à leurs employés bien plus que les 20 jours de congé légaux par an. Même le montant des congés payés est négociable. Dans la plupart des cas, un contrat temps plein compte entre 38 et 40 heures par semaine. »*

Je m'attends déjà aux diverses réflexions habituelles : dans un monde essentiellement capitaliste, c'est la recherche du profit qui prime. Toujours gagner plus quitte à pressurer les salariés. Où mieux « ces patrons, ils n'ont qu'à vendre leurs beaux bateaux afin de payer les salaires ». Il est temps de casser quelques idées reçues. C'est l'acheteur qui détermine le prix d'achat de ses propres produits (approche de la fixation des prix par la valeur), cette notion est développée par le Pricing.

**Simon, Jacquet, et Brault**[21] :

*« Nous avons ainsi connu un fabricant de gants de protection dont l'un des marchés était les hôpitaux. Dans cet environnement, le ramassage des déchets comporte des risques de piqûres et d'infections pour le personnel de nettoyage. Les gants traditionnels n'offraient qu'une faible protection. L'entreprise a donc élaboré un nouveau produit plus épais à double couche. Très sophistiqués, ces gants avaient un coût de production de 10€ environ.*

*Une fois au stade de lancement, une étude fut menée pour déterminer à quel prix lancer le produit. La réponse des clients fut une douche froide : le prix acceptable était de 1€ maximum, soit dix fois moins que les coûts ! Une série de raisons expliquait ce grand écart : peu pratique, trop rigide et faisant transpirer les mains, il fut globalement rejeté par les utilisateurs finaux ; l'hypothèse de départ que cet équipement sécuritaire justifierait un prix élevé s'est révélée fausse ; les clients potentiels étaient de grands comptes faisant fortement pression sur les prix. »*

C'est le consommateur, qui a le pouvoir sur l'industrie de consommation. On lui vend les produits qu'il souhaite, et au prix qu'il estime juste. Prenons l'exemple d'un fabricant de télévisions-écrans plat. Après avoir délimité sa « cible clientèle », il lance une étude sur un échantillon témoin, ceci afin d'obtenir les caractéristiques/produit souhaitées. Si la cible estime le prix d'achat des télévisions à 700€, le coût de fabrication étant de 100€, le fabricant peut estimer sa marge à 600€. Mais, si la « cible clientèle » estime le prix d'achat à 150€, le fabricant refusera l'idée de commercialisation, la marge étant trop faible. Conclusion, c'est le client qui détermine ce qu'on lui vend et à quel coût.

***Journal de Montréal***[22] :

*« Les écouteurs Beats by Dr. Dre sont considérés comme un produit de première qualité par la compagnie et viennent donc avec un prix affiché plus élevé. Selon leur site web, le modèle le moins cher coûte environ 150$, tandis que le modèle pro se vend actuellement 440$. Cependant, selon un article du Huffington Post publié en 2014, les écouteurs seraient de qualité inférieure à la majorité des autres produits similaires fabriqués par d'autres compagnies.*
*Comment se fait-il qu'un produit soit vendu si cher, mais soit de si*

*mauvaise qualité ?*
*Selon les estimations de certains experts en écouteurs, il pourrait coûter*
*plus cher d'aller chez le coiffeur que ça en coûte pour fabriquer une paire*
*d'écouteurs Beats. En réalité, il en coûterait aussi peu que 14$ pour les*
*fabriquer, ce qui pourrait expliquer la qualité inférieure du produit. »*

## Le salarié est sa propre entreprise

Afin d'optimiser ses chances de retour à l'emploi, le demandeur doit développer une nouvelle approche de recherche. Il ne doit plus réfléchir en termes de postes, mais en termes de compétences. Il doit aussi mettre en concordance son image avec celle réclamée par la « cible clientèle » de l'entreprise.

*Pour cela, nous introduirons trois nouvelles notions :*

1. **La notion de cible(s) emploi(s) :** ce qui correspond aux domaines dans lesquels le demandeur souhaite travailler.

2. **La notion d'indice de compatibilité :** l'image du demandeur doit venir renforcer l'image de la structure auprès de la clientèle.

3. **La notion d'indice de productivité :** ce qui correspond aux compétences du demandeur (il est nécessaire de faire une sélection sur les seules compétences nécessaires à la structure).

Quand l'on souhaite se lancer dans un nouveau secteur d'activité, il est nécessaire de faire une étude préalable. Outre la détermination de ce nouveau secteur, il faut étudier la « cible clientèle ». On doit en connaitre le nombre d'individus, les valeurs, la hiérarchisation des valeurs, le prix perçu pour chaque besoin (produits). Cette première étape se nomme l'étude marketing. Puis l'entreprise construit son image par association (couleurs, forme, choix des produits, etc.). Enfin elle se fait connaître auprès de sa nouvelle « cible clientèle ».

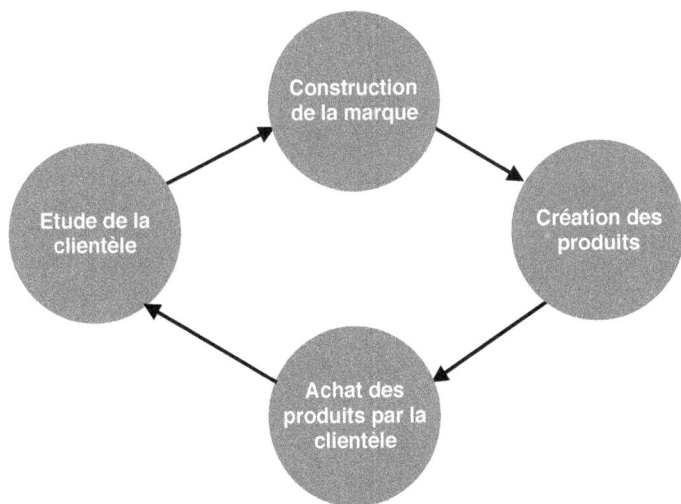

*Processus de fonctionnement des entreprises*

Pour le demandeur d'emploi, le processus est identique. Il doit déterminer sa « cible emplois », cela signifie le secteur d'activité des entreprises cibles. Puis, déterminer les valeurs souhaitées par la clientèle de cette dernière, ceci afin de construire son indice de compatibilité. Et enfin, mettre ses compétences en concordance avec celles souhaitées par sa cible d'entreprise, c'est l'indice de productivité. Dans le prochain chapitre, je vous propose de construire chaque étape, il nous suffira de suivre et de remplir les questionnaires. Il y aura également des recherches à effectuer, soit sur internet, soit en questionnant l'entourage du secteur choisi. La réussite est synonyme de persévérance et de correction !

# PROTOCOLE DE RECHERCHE D'EMPLOI

*CONFUCIUS*

*Jen Kiou dit : « Maître, ce n'est pas que votre doctrine me déplaise, mais je n'ai pas la force de la mettre en pratique. » Confucius répondit : « Celui qui vraiment n'a pas de force tombe épuisé à mi-chemin. Pour vous, il n'en est pas ainsi. Vous vous prescrivez des limites que vous ne voulez pas dépasser ; ce n'est donc pas la force qui vous manque, mais la volonté. »*

Dans ce chapitre vous serez guidé pas à pas afin de construire votre CV et votre lettre de motivation. Pour rappel, votre lettre de motivation est le reflet de votre image, alors que le CV, expose vos compétences. La première étape consistera à sélectionner les cibles de métiers que vous visez. Puis, nous construirons votre indice de compétences et l'indice de compatibilité.

## Définition des cibles emplois

Avant de commencer l'étude de votre indice de compatibilité et de votre productivité, il est essentiel de déterminer les secteurs dans lesquels vous souhaiteriez travailler. Vous trouverez ci-dessous une liste non exhaustive de différentes catégories. Il est conseillé de cocher deux ou trois maximum, et aussi de posséder un minimum de connaissance du ou des secteurs visés.

Par exemple

Si vous souhaitez travailler dans le secteur du bâtiment, vous cocherez l'élément suivant :

### BATIMENT — TRAVAUX PUBLICS

*Constructions et travaux de construction*
- ☑ Bâtiments et travaux de construction de bâtiments
- ☐ Ouvrages et travaux de construction de génie civil
- ☐ Travaux de construction spécialisés

*À vous de jouer :*

### INDUSTRIE

*Agriculture, Sylviculture, Pêche*
- ☐ Produits de l'agriculture et de la chasse et services annexes
- ☐ Produits sylvicoles et services annexes
- ☐ Produits de la pêche et de l'aquaculture ; services de

soutien à la pêche

*Industries Extractives, Agricoles, Alimentaires*

- ☐ Houille et lignite
- ☐ Pétrole brut et gaz naturel
- ☐ Minerais métalliques
- ☐ Autres produits des industries extractives
- ☐ Services de soutien aux industries extractives

*Industries manufacturières*

- ☐ Produits des industries alimentaires
- ☐ Boissons
- ☐ Produits du tabac
- ☐ Produits de l'industrie textile
- ☐ Articles d'habillement
- ☐ Cuir et articles en cuir
- ☐ Bois, articles en bois et en liège, à l'exclusion des meubles ; articles de sparterie et de vannerie
- ☐ Papiers et cartons
- ☐ Travaux d'impression et de reproduction, produits imprimés
- ☐ Produits de la cokéfaction et du raffinage
- ☐ Produits chimiques
- ☐ Produits pharmaceutiques de base et préparations pharmaceutiques
- ☐ Produits en caoutchouc et en plastique
- ☐ Autres produits minéraux non métalliques
- ☐ Produits métallurgiques

☐ Produits du travail des métaux, à l'exclusion des machines et équipements

☐ Équipements informatiques, électroniques et optiques

☐ Matériels électriques

☐ Machines et équipements n.c.a.

☐ Véhicules automobiles, remorques et semi-remorques

☐ Autres matériels de transport

☐ Meubles

☐ Autres produits manufacturés

☐ Réparation et installation de machines et d'équipements

*Électricité, gaz, vapeur et air conditionné*

☐ Électricité, gaz, vapeur et air conditionné

*Production et distribution d'eau ; assainissement, gestion des déchets et dépollution*

☐ Eau naturelle ; traitement et distribution d'eau

☐ Assainissement ; boues d'épuration

☐ Collecte, traitement et élimination des déchets ; récupération de matériaux

☐ Dépollution et autre traitement des déchets

## BATIMENT — TRAVAUX PUBLICS

*Constructions et travaux de construction*

☐ Bâtiments et travaux de construction de bâtiments

☐ Ouvrages et travaux de construction de génie civil

☐ Travaux de construction spécialisés

## COMMERCE

*Commerce de gros et de détail ; réparation de véhicules automobiles et de motocycles*

☐ Commerce et réparation automobiles

☐ Commerce de gros, à l'exclusion du commerce de véhicules automobiles et de motocycles

☐ Commerce de détail, à l'exclusion du commerce de véhicules automobiles et de motocycles

## SERVICES

*Services de transport et d'entreposage*

☐ Transports terrestres et transports par conduites

☐ Transport par eau

☐ Transports aériens

☐ Entreposage et services auxiliaires des transports

☐ Services de poste et de courrier

*Services d'hébergement et de restauration*

☐ Services d'hébergement

☐ Services de restauration

*Services d'information et de communication*

☐ Édition

☐ Production de films cinématographiques, vidéos et émissions de télévision ; enregistrement sonore et édition musicale

☐ Programmation et diffusion

☐ Services de télécommunications

☐ Programmation informatique, conseils et activités

connexes

☐ Services d'information

*Services financiers et assurances*

☐ Services financiers, à l'exclusion des assurances et caisses de retraite

☐ Services d'assurance, de réassurance et de caisses de retraite, à l'exclusion de la sécurité sociale obligatoire

☐ Services auxiliaires aux services financiers et aux assurances

Services immobiliers

☐ Services immobiliers

*Services professionnels, scientifiques et techniques*

☐ Services juridiques et comptables

☐ Services de sièges sociaux ; services de conseil en gestion

☐ Services d'architecture et d'ingénierie ; services d'essais et analyses techniques

☐ Services de recherche et développement scientifique

☐ Services de publicité et d'études de marché

☐ Autres services professionnels, scientifiques et techniques

☐ Services vétérinaires

*Services administratifs et d'assistance*

☐ Location et location-bail

☐ Services de l'emploi

☐ Services des agences de voyage, voyagistes et autres services de réservation

☐ Services de sécurité et d'enquête

☐ Services relatifs aux bâtiments et aménagement paysager

☐ Services administratifs et autres services de soutien aux entreprises

## SERVICES D'ADMINISTRATION PUBLIQUE ET DE DEFENSE ; SERVICES DE SECURITE SOCIALE OBLIGATOIRE

☐ Services d'administration publique et de défense ; services de sécurité sociale obligatoire

*Services de l'éducation*
☐ Services de l'éducation

*Services de santé et d'action sociale*
☐ Services de santé humaine

☐ Services de soins résidentiels

☐ Services d'action sociale sans hébergement

*Services artistiques et du spectacle et services récréatifs*
☐ Services créatifs, artistiques et du spectacle

☐ Services des bibliothèques, archives, musées et autres services culturels

☐ Jeux de hasard et services de pari

☐ Services sportifs et services récréatifs et de loisirs

*Autres services*
☐ Services fournis par des organisations associatives

☐ Services de réparation d'ordinateurs et de biens personnels et domestiques

☐     Autres services personnels

*Services des ménages en tant qu'employeurs ; biens et services divers produits par les ménages pour leur consommation propre*

☐     Services des ménages en tant qu'employeurs de personnel domestique

☐     Biens et services divers produits par les ménages privés pour leur consommation propre

## Merci d'indiquer ci-dessous le ou les emplois que vous souhaiteriez occuper dans les secteurs choisis

Vous avez désigné trois secteurs d'activités, maintenant il vous faut indiquer les emplois que vous souhaiteriez exercer au sein de cesdits secteurs. Ces derniers peuvent se répéter dans chaque colonne, ce qui importe ce sont les valeurs que nous identifierons par la suite.

*Par exemple :*

| Bâtiments et travaux de construction de Bâtiments | Secteur n°2 | Secteur n°3 |
| --- | --- | --- |
| Peintre en bâtiment | métier n°1 | métier n°1 |
| métier n°2 | métier n°2 | métier n°2 |
| Métier n°3 | Métier n°3 | Métier n°3 |

*A vous de jouer :*

_____

# Indice de compétences

Pour chacun des métiers que vous avez cités ci-dessus, il existe des fiches ROME correspondantes. Ces dernières listent les savoirs de base du métier, il est conseillé de les comparer avec vos savoirs. Les fiches ROME sont accessibles sur internet. Une recherche sur Google suffit (pole emploi fiche rome). Après la récupération des fiches des métiers listés dans le chapitre précédent, merci d'inscrire ci-dessous les compétences que vous possédez. En effet, le document est divisé en deux colonnes, l'une liste les activités effectuées dans le cadre de l'emploi. Et l'autre, les compétences nécessaires afin de réaliser ce dernier. Concentrez-vous sur cette colonne pour l'instant, afin de remplir le tableau ci-dessous.

| Bâtiments et travaux de construction de Bâtiments | Secteur n°2 | Secteur n°3 |
|---|---|---|
| Règle et consignes de sécurité | Compétences | Compétences |
| Technique d'application d'enduit | | |
| Technique de peinture à la brosse | | |

## A vous de jouer :

## L'indice de compatibilité

Maintenant, nous allons étudier votre indice de compatibilité. Merci de cocher, et ceci pour chacun des secteurs d'activités choisis les valeurs de l'entreprise que la clientèle souhaite découvrir. Afin de correctement renseigner cette liste, une enquête sur internet ou auprès de la clientèle concernée est conseillée. Par la suite, il vous est aussi demandé de cocher les valeurs que vous possédez.

Secteur 1 ☐ Secteur 2 ☐ Secteur 3 ☐ Moi ☐
1 ☐ 2 ☐ 3 ☐ M ☐

Prenons l'exemple du secteur « Bâtiments et travaux

## de construction de bâtiments » :

1 ☑ 2 ☐ 3 ☐ M ☐ **Expertise** ⟹ il est nécessaire de posséder une bonne qualité d'expertise du problème soumis par le client.

1 ☑ 2 ☐ 3 ☐ M ☑ **Qualité des relations** ⟹ De bonnes relations avec le client sont exigées

1 ☑ 2 ☐ 3 ☐ M ☐ **Compétences** ⟹ Vous devez posséder de solides compétences

1 ☑ 2 ☐ 3 ☐ M ☑ **Réputation** ⟹ Votre réputation doit être sans tâches

1 ☑ 2 ☐ 3 ☐ M ☑ **Rythme de travail rapide** ⟹ Votre travail doit être rapide

*Merci de ne pas cocher de M☐ pour les valeurs ne rentrant dans aucun des trois secteurs d'activités.*

*À vous de jouer :*

1□2□3□M□ Accomplissement

1□2□3□M□ Affection

1□2□3□M□ Aider les autres

1□2□3□M□ Aider la société

1□2□3□M□ Amitié

1□2□3□M□ Célébrité

1□2□3□M□ Changement et diversité

1□2□3□M□ Collectivité

1□2□3□M□ Compétences

1□2□3□M□ Concurrence

1□2□3□M□ Connaissance

1□2□3□M□ Conscience écologique

1□2□3□M□ Convivialité

1□2□3□M□ Coopération

1□2□3□M□ Créativité

1□2□3□M□ Croissance

1□2□3□M□ Décision

1□2□3□M□ Défi physique

1□2□3□M□ Démocratie

1□2□3□M□ Développement personnel

1□2□3□M□ Diriger les autres

1□2□3□M□ Echange

1□2□3□M□ Efficacité

1□2□3□M□ Engagement

1□2□3□M□ Esprit d'équipe

1□2□3□M□ Excellence

1□2□3□M□ Expertise

1□2□3□M□ Qualité de ce à quoi je participe

1□2□3□M□ Qualité des relations

1□2□3□M□ Reconnaissance

1□2□3□M□ Relation proche

1□2□3□M□ Religion

1□2□3□M□ Réputation

1□2□3□M□ Respect de soi-même

1□2□3□M□ Respect des autres

1□2□3□M□ Responsabilité

1□2□3□M□ Rythme de travail rapide

1□2□3□M□ Rythme de vie rapide

1□2□3□M□ Sagesse

1□2□3□M□ Sécurité

1□2□3□M□ Sérénité

1□2□3□M□ Service public

1□2□3□M□ Situation géographique

1□2□3□M□ Argent

1□2□3□M□ Arts

1□2□3□M□ Avancement et promotion

1□2□3□M□ Aventure

1□2□3□M□ Avoir une famille

1□2□3□M□ Fortune

1□2□3□M□ Gain financier

1□2□3□M□ Harmonie intérieure

1□2□3□M□ Honnêteté

1□2□3□M□ Indépendance

1□2□3□M□ Influence sur les autres

1□2□3□M□ Intégrité

1□2□3□M□ Intimité

1□2□3□M□ Leadership

1□2□3□M□ Liberté

1□2□3□M□ Loyauté

1□2□3□M□ Mérite

1□2□3□M□ Nature

1□2□3□M□ Ordre (tranquillité...)

1□2□3□M□ Partage

1□2□3□M□ Plaisir

1□2□3□M□ Ouverture et honnêteté

1□2□3□M□ Pouvoir et autorité

1□2□3□M□ Pratique et éthique morale

1□2□3□M□ Problèmes et défi

1□2□3□M□ Pureté

1□2□3□M□ Sophistication

1□2□3□M□ Stabilité

1□2□3□M□ Statut

1□2□3□M□ Stimulation

1□2□3□M□ Temps libre

1□2□3□M□ Travail significatif

1□2□3□M□ Travailler avec les autres

1□2□3□M□ Travailler seul

1□2□3□M□ Travailler sous pression

1□2□3□M□ Vérité

1□2□3□M□

1□2□3□M□

1□2□3□M□

1□2□3□M□

1□2□3□M□

1□2□3□M□

1□2□3□M□

# La conception du CV

Il est temps d'aborder le sujet de la conception du CV. Vous devez en créer un pour chaque secteur d'activité choisi. Le chef d'entreprise s'intéresse à vos compétences, et non à vos diplômes. Bien sûr, certaines structures mettent en avant ces derniers, parce qu'elles n'ont pas encore eu le temps d'évoluer. À moins de vouloir travailler pour l'État, ou dans des secteurs réglementés, préférez mettre en avant vos compétences. Au chapitre « indice de compétences », nous avons listé ceux nécessaires à chaque emploi, il vous suffit de les inscrire dans la partie « Compétences » de votre CV. Vous êtes libre de préférer le design, mais un certain nombre d'informations doivent absolument y figurer.

## Coordonnées du candidat

## Compétences du candidat

## Formations du candidat
Date, centre de formation, formation,
programme

## Expérience professionnelle
## du candidat
Date, entreprise, poste, compétences
acquises

L'ordre ci-dessus est à respecter, exception faite des parties « formations du candidat » et « expérience professionnelle du candidat » qui peuvent être inters changés. Beaucoup de conseillers en technique de recherche d'emploi préconisent de réaliser un CV sur une page. Je vous conseille de le concevoir avec autant de pages que vous le souhaitez, les chefs d'entreprises lisent rarement tout le document. C'est le même principe qu'une recherche sur Google, les internautes ne dépassent que rarement la première page, et s'arrêtent aux 3, 4 ou 5 premiers résultats. D'où l'importance de la partie « compétences » de votre CV. Vous pouvez aussi y rajouter toute compétence transversale pouvant améliorer votre capacité de production. Un recruteur appréciera un CV d'un peintre qui sait poser du Placoplatre, ou d'une femme de ménage pouvant faire office de cuisinière et de garde d'enfant. Ces exemples vous obligent à penser polyvalence. La vie du CV ne s'arrête pas à la zone compétence, la formation et l'expérience du candidat doivent être aussi renseignées correctement. Première information, les chefs d'entreprises n'ont pas la science infuse. Dans la zone formation, il ne suffit pas de mettre la date, le centre et la désignation de la formation. Il est aussi primordial d'y mettre son contenu. Pourquoi ? Devant la multitude et les différentes évolutions des formations en France et dans le monde, comment un chef d'entreprise peut-il en connaître leurs contenus ? Un diplôme valide votre capacité à effectuer des tâches précises, mais il n'indique pas lesquelles. Je prends un exemple très simple : un recruteur recherche un programmeur JavaScript. Vous envoyez un CV avec inscrit BTS informatique. Où est-il indiqué que vous avez été formé au langage recherché ? Alors que faire ? Il est inutile de préciser l'ensemble du programme, les modules suffisent. Toute formation est découpée en modules, 4 ou 5 lignes seraient l'idéal. Mais faites attention de ne pas répéter les informations, une capacité indiquée dans la partie « compétence » ne doit pas se retrouver plus bas dans le CV. Vous perdriez alors en espace. Si vous avez compris le principe précédent, sachez qu'il est le même concernant la partie « expérience professionnelle ». Il ne suffit pas de mettre la date, l'entreprise, le poste occupé, mais les compétences acquises sont aussi importantes. Il est toujours bon de savoir qu'une assistante de direction a aussi effectué des tâches d'archivage de documents par exemple.

*Kebbani*[23] :
*« Les journaux sont pliés de manière à ce que la une soit toujours visible pour le client. Cela va lui donner forcément beaucoup plus envie de lire le journal et donc de l'acheter, puisque généralement dans la une, on a un titre et une introduction avec une belle image bien représentative… Bref ! En voyant la une, on sait directement de quoi l'article va parler, et on va avoir envie de le lire jusqu'au bout sans pour autant voir l'intégralité de l'article. Comme quoi, une bonne accroche, c'est très important. »*

Vous avez sûrement remarqué la non-présence dans le modèle de la partie loisirs. La raison en est simple, elle n'est pas obligatoire, de plus les activités de loisirs, comme les formations et comme l'expérience professionnelle, sont pourvoyeuses de compétences. Il est demandé une extrême prudence lors de l'insertion de cette partie. Beaucoup de demandeurs d'emploi croient à tort qu'une grande franchise est de rigueur, c'est une erreur qui peut coûter cher. Attention, je ne fais pas l'apologie du mensonge, mais la franchise a des limites. Le CV n'a qu'une fonction : indiquer à l'entreprise les compétences que vous seriez en mesure de lui apporter. Le fait d'inscrire dans la partie « loisirs » la mention « télévision » ou « lecture » ; je ne vois pas en quoi cela peut vous conférer un quelconque avantage. Par contre, je conseille d'y inscrire la pratique d'un sport collectif, ou la participation à des compétitions. Cela indique votre capacité à vous intégrer dans une équipe (sports collectifs), ou cela démontre votre persévérance dans le défi (sport avec compétition). Écrire « champion de judo » a plus de poids que « judo ». Alors attention.

| Au lieu de | Préférez ! |
|---|---|
| Judo | Champion de France de judo<br>ou<br>Ceinture noir de judo |
| Lecture | Etude de la philosophie |
| Télévision | J'apprécie les émissions culturelles |
| Musées | Je suis un passionné de l'art contemporain |

*Ne mettre dans le CV, et ceci dans chaque partie, que les compétences utiles dans le secteur d'activité. Et surtout, ne mentez pas ! Jamais !*

Les parties formations et expériences professionnelles n'existent que pour valider la liste des compétences énoncées plus haut dans le CV. Le chef d'entreprise est un homme pressé, une lecture rapide doit lui être proposée. Il n'a pas le temps aux devinettes, immédiatement, il doit savoir s'il a besoin de vous, et ceci passe par les compétences. De plus, à moins de répondre à un appel à candidatures pour un emploi, je vous déconseille fortement d'indiquer le poste visé. Pourquoi ? Vous perdriez en flexibilité. Comme je vous l'ai expliqué précédemment, le chef d'entreprise n'a que quelques secondes à vous consacrer, si vous indiquez un poste précis et qu'il n'en a nullement besoin, vous risquez un rejet dès le début de la lecture. Par contre, en lisant vos compétences, il peut prendre conscience du besoin d'une personne telle que vous dans son entreprise. Imaginez un CV où il serait mentionné une demande pour un poste d'assistante de direction ; or l'entreprise aurait besoin d'une personne pour faire de la prospection téléphonique. Compétence détenue par une assistante de direction, la demandeuse risque un rejet, car l'entreprise présumerait d'un non-intéressement au poste. Vous me répondrez que non. Mais n'oubliez pas. Il faut plus de quelques secondes pour arriver à une conclusion différente. Et rares sont les entreprises qui vous les accordent. Alors, n'orientez pas la réflexion du lecteur vers une direction, laissez des pistes.

*Si je vous dis, ne pensez pas à un éléphant. À quoi pensez-vous ?*

Vous pouvez par contre indiquer le domaine de compétences dans lequel vous exercez. Un peintre en bâtiment peut inscrire « recherche d'un poste de manœuvre qualifié ». Mais comme toutes les règles, cette dernière souffre d'exceptions, pour certains emplois vous êtes dans une obligation de précision. Je vous laisse le soin de faire la part des choses. Il est vrai que je me répète, mais cette notion est essentielle, voire primordiale. N'oubliez pas que l'indice de compatibilité joue sur votre employabilité, il indique que vous faites partie d'un groupe. L'indice de compétence n'agit que sur le montant de votre rémunération. Ce que vous pouvez apporter comme qualités afin de favoriser la survie de ce groupe.

Beaucoup de demandeurs font peu de cas de la présentation du CV, ils ont tort ! Vous aimez contempler une superbe voiture, les Ferrari vous font rêver. Pourquoi ? Elles possèdent quatre roues comme tout véhicule. Ah oui ! La puissance du moteur compte, mais si j'installe ce dernier dans une 2 CV, cette vision vous enchante-t-elle ? L'œil humain va du général au détail, c'est l'esthétisme et la clarté de votre CV, qui favoriseront une envie de lecture et d'assimilation des informations. Alors, faites un effort ! Word et internet proposent une multitude de modèles prêts à l'emploi.

Une question m'est souvent posée. Doit-on mettre une photo dans le CV ? Tout d'abord, un employeur n'a aucunement le droit de vous la réclamer (sauf cas précis), c'est contre la loi. Ensuite, le CV est le reflet de vos atouts, dans certains métiers, il est nécessaire de posséder une bonne présentation. Je fais ici référence aux emplois d'accueil (hôte ou hôtesse d'accueil, agent d'accueil, hôtesse évènementielle, etc.). L'employeur appréciera la présence d'une photo, mais cette dernière doit être à votre avantage. Évitez les photos farfelues, restez dans la simplicité, et souriez ! Dernier conseil. Coiffez-vous et habillez-vous comme un jour de travail, cela permettra de vous imaginer sur le poste.

## La conception de la lettre de motivation

Tout comme les CV, il existe un nombre élevé de modèles de lettres de motivation, c'est à vous de choisir celui qui vous convient le mieux. Il vous faudra également concevoir une lettre par secteur d'activité. En effet contrairement aux idées reçues, la lettre de motivation n'a qu'un seul but, démontrer votre appartenance au groupe (indice de compatibilité). Il est nécessaire d'éviter les lettres traditionnelles, trop souvent utilisées, elles ne se démarquent pas du lot. Je vous propose un courrier en cinq parties.

Ne commencez pas par vous ! Beaucoup de courriers débutent par une demande. Il est nécessaire de clarifier votre positionnement, alors débutez par l'entreprise. En précisant votre compréhension des enjeux qui sont les siens, vous favorisez l'établissement d'un bon dialogue. Ce premier paragraphe contient les caractéristiques nécessaires à la bonne satisfaction de la clientèle, les caractéristiques recherchées par l'entreprise. Ensuite, dans un deuxième temps parlez de vous. Détaillez vos atouts, vos valeurs, ce que vous souhaiteriez apporter. Et enfin, faites part de votre demande de partenariat avec la structure, un échange mutuellement profitable. Les deux autres parties ne servent qu'à embellir votre courrier. Je vous conseille de vous inspirer pour cela d'exemples que vous trouverez dans de nombreux ouvrages.

**Point important :**
*le courrier doit toujours être adressé à une personne physique, de préférence celle responsable du recrutement. Nous verrons plus loin une méthode afin d'obtenir ses coordonnées.*

Coordonnées du candidat

Coordonnées de l'entreprise
A l'attention de M. ou de Mme

Caractéristiques nécessaires de l'entreprise afin d'obtenir la satisfaction clientèle

Caractéristiques nécessaires du candidat afin d'obtenir la satisfaction de la clientèle

Demande de partenariat mutuel

Formule de fin

Formule de politesse

Nom + signature

« Les caractéristiques nécessaires » de l'entreprise et du candidat sont à récupérer dans le paragraphe « indice de compatibilité », ce sont les valeurs de valorisation de la marque. Vous êtes en train de signifier au responsable que votre embauche maximisera l'image de l'entreprise auprès de la clientèle. Alors, il faut lui démontrer votre compréhension de l'enjeu, c'est-à-dire la satisfaction de la clientèle. Beaucoup rédigent leur courrier en précisant une demande d'emploi, pourquoi ne pas faire la demande d'un partenariat. Vous vous positionnez dans une posture de soumission, alors que vous êtes plutôt sur un niveau d'égalité. Il faut bien comprendre la situation, autant vous apportez à l'entreprise, autant elle vous apporte. Vous me répondrez que oui, elle me paye en échange de mes compétences. Pour rappel, elle vous paye pour votre temps, et le montant de votre salaire dépend de vos compétences. De plus, elle vous apporte de l'expérience et de la pratique, elle vous permet de vous améliorer.

*Voir en annexe un exemple de lettre de motivation.*

## La conception de la base de données entreprises

**La réussite arrive avec le temps !** Même une personne sans aucune compétence et sans lettre de motivation peut trouver un emploi si elle contacte un nombre suffisant d'entreprises. Le CV, la lettre de motivation agissent sur le nombre d'appels à effectuer avant d'obtenir un entretien. La technique de communication orale agit sur la réussite à ce dernier, mais nous verrons ce point dans un prochain chapitre. L'objectif de ce livre est de vous donner une méthode qui va agir sur la quantité d'entreprises contactées. Pour chaque secteur d'activité favorisé, vous devez concevoir une base de données, entre 50 et 150 entrées. Mais soyez prêt, en cas de non-résultat, à augmenter ces derniers. Je conseille l'utilisation d'un logiciel simple de tableur, vous avez le choix (Excel, OpenOffice, Libre Office, etc.).

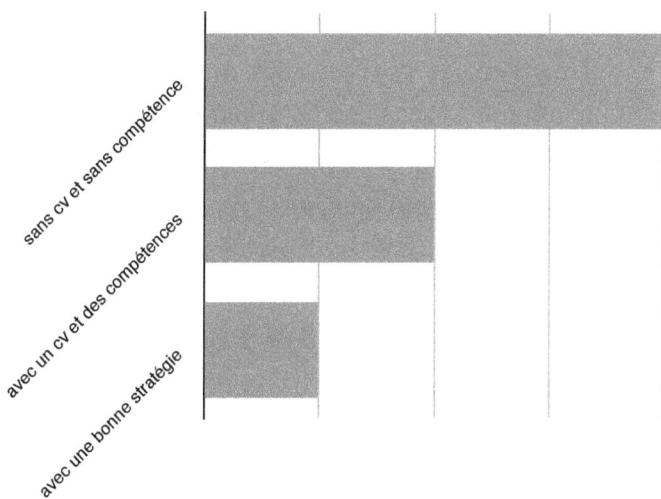

*Temps de recherche*

*Il est aussi conseillé d'obtenir certaines informations :*

1. Secteur d'activité
2. Dénomination de l'entreprise
3. Adresse
4. Téléphone
5. Nom et Prénom du responsable du recrutement
6. Coordonnées du responsable du recrutement (téléphone, adresse mail)
7. Date d'envoi du CV et de la lettre
8. Date d'appel (demande de rendez-vous)
9. Résultat (refus de l'entreprise, obtention d'un rendez-vous)
10. Observations

- **L'entrée 1** correspond au(x) secteur(s) d'activité(s) sélectionné(s) par vos soins
- **Les entrées 2 à 4** sont simplement obtenues grâce aux pages jaunes
- **Les entrées 5, 6 et 7** sont à remplir après le premier appel à l'entreprise
- Et enfin, **les entrées 8 et 9** après le deuxième appel
- **L'entrée 10** ne sert qu'aux observations, ce sont des informations qui ne rentrent dans aucune entrée supérieure.

*Vous l'avez bien compris, il vous faut de la quantité afin de réussir. Ne vous arrêtez pas au bout de 10 appels. Arrêtez-vous quand vous aurez trouvé un emploi.*

# Le protocole de contact

Une fois que vous avez rédigé tous les CV et lettres de motivation ainsi que construit votre base de données des entreprises ; vous pouvez passer à la phase contact. Elle est composée de trois étapes, d'abord vous contactez l'entreprise afin d'obtenir les coordonnées de la personne responsable du recrutement. Il vous faut son nom et son prénom. Ainsi que son téléphone et son mail. Il est inutile de demander de rendez-vous pour l'instant. Si jamais on vous demande le pourquoi de votre appel, précisez que vous souhaitez lui transmettre un CV et une lettre de motivation. Une fois les renseignements obtenus, envoyez vos documents, ceci par mail ou courrier. N'oubliez de personnaliser votre lettre de motivation, avec le nom et le prénom de votre cible (rubrique « A l'attention de … »). Il peut arriver certaines fois que des assistantes de direction fassent tampon entre vous et votre cible. Elles vous diront qu'elles transmettront vos documents. Pas d'inquiétude, suivez leurs instructions. Et enfin dernière phase : l'appel ! Après un délai de 7 à 10 jours, vous pouvez appeler le responsable du recrutement et lui demander un rendez-vous. N'oubliez pas de lui demander s'il a bien reçu vos documents.

| | |
|---|---|
| **Appel n°1** | Vous appelez l'entreprise afin de demander les coordonnées de la personne en charge du recrutement |
| **Envoi du CV et de la lettre de motivation** | Après avoir complété votre lettre de motivation, vous l'envoyez ainsi que le CV |
| **Appel n°2** | Après un délai de 7 à 10 jours : vous appelez le responsable du recrutement afin d'obtenir un RDV |

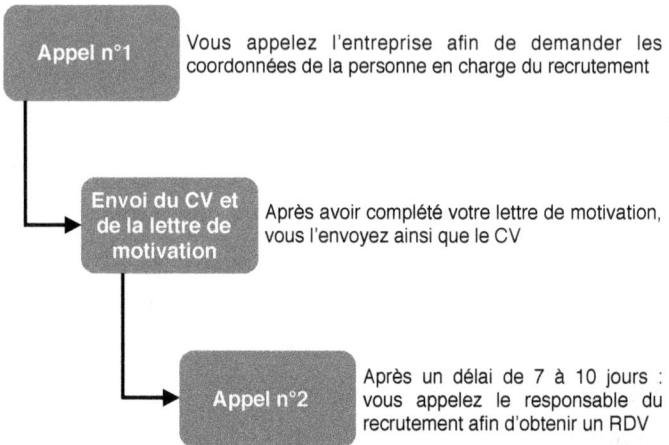

*Protocole de contact*

*La rigueur la plus stricte est à observer, si vous souhaitez obtenir des résultats rapidement.*

# TECHNIQUE DE

# COMMUNICATION ORALE

*LAO-TSEU*

*Les paroles sincères ne sont pas élégantes ; les paroles élégantes ne sont pas sincères.*

*L'Homme vertueux n'est pas disert ; celui qui est disert n'est pas vertueux.*

*Celui qui connaît (le Tao) n'est pas savant ; celui qui est savant ne le connaît pas.*

*Le Saint n'accumule pas les richesses.*

*Plus il emploie sa vertu dans l'intérêt des Hommes, et plus elle augmente.*

*Plus il donne aux Hommes et plus il s'enrichit.*

*Telle est la voie du ciel, qu'il est utile aux êtres et ne leur nuit point.*

*Telle est la voie du Saint, qu'il agit et ne se dispute point.*

Dans ce chapitre, nous allons aborder la dernière phase c'est-à-dire l'entretien. Je vais vous donner quelques conseils, ceci afin que vous puissiez vous corriger, et éviter ainsi les erreurs les plus courantes. Mais, il est tout à fait clair qu'un entraînement est nécessaire, je vous donnerai aussi les bases de celui-ci. Vous pourrez ainsi adapter votre gestuelle, l'intonation et le rythme de votre voix. Il est aussi essentiel de faire un bon choix de mots et de correctement gérer son stress.

## Adapter sa gestuelle

Pourquoi est-il essentiel de débuter par la gestuelle ? Parce que contrairement aux idées reçues 75% de votre communication ne sort pas de votre bouche. Voilà où se situe l'échec. Beaucoup de demandeurs d'emploi se focalisent sur ce qu'ils vont dire. Et non sur le comment, ils vont le dire. Les 25% restant sont eux-mêmes découpés en trois parties, entre autres vous avez l'intonation et le rythme de la voix. Ce qui signifie que le choix des mots constitue une infirme partie de l'échange, et beaucoup ne travaillent que cela.

Mon conseil : ne faites aucun geste parasite ! Lors de l'entretien, ne vous grattez pas la tête, ne vous frottez pas le visage, ne vous caressez pas les bras ou les jambes. Mais ne vous inquiétez pas, vous avez le droit de sourire, ou de bouger les mains afin que ces dernières accompagnent vos paroles. Mais surtout, ne jouez pas avec un stylo ou tout autre objet, et concentrez-vous sur votre interlocuteur. Ne vous laissez pas déconcentrer par les perturbations alentour (fenêtres, autres personnes dans la pièce, etc.).

***Turchet***[24] :

*« Nos gestes inconscients sont le braille de nos pensées, leur expression. Ils sont la soupape des émotions que les situations interdisent de traduire verbalement, et qui sont pourtant nées avec force impulsions électriques et chimiques dans notre cerveau. La pensée réprimée est ainsi lisible sur le corps, grâce à lui. »*

Eh oui, vous avez bien compris, ce que vous ne dites pas, par le biais de votre bouche, ressort par le biais de votre corps. Et ceci est d'autant plus vrai et intense, s'il s'agit d'une pensée que vous souhaitez cacher. En fonction de la zone et de la manière de toucher cette dernière, on peut deviner vos pensées. Examinons de plus près le processus, imaginons que vous souhaiteriez réprimer une pensée, alors vous allez soit vous caresser ou soit vous frotter une zone de votre corps. On nomme cela des micros-démangeaisons et micros-caresses. Les premières ont tendance à apparaître pour les pensées négatives, alors que les secondes apparaissent plutôt lorsque vous appréciez une pensée. Lors d'une discussion, votre interlocuteur vous fait une remarque agréable, vous souhaitez le lui cacher, alors vous aurez de grandes chances de vous caresser une de vos oreilles. Mais si la remarque ne vous convient pas, alors vous allez avoir tendance à vous la frotter.

| Zones | Définitions | |
| | Micros-démangeaisons | Micros-caresses |
|---|---|---|
| Oreille | Je ne n'apprécie pas ce que vous venez de dire | J'apprécie ce que vous venez de dire |
| Nez | Je n'apprécie pas la situation dans laquelle je me trouve | J'apprécie la situation dans laquelle je me trouve |
| Oeil | Je n'aime pas ce que je vois | J'aime ce que je vois |
| Cuir chevelu | Le problème qui m'est posé est complexe | |

*Exemples de zones*

Je vous ai présenté ce tableau afin que vous puissiez prendre conscience du risque des fuites émotionnelles. Ces exemples ne représentent qu'une infirme partie des possibilités, les fuites peuvent apparaître sur tout votre corps. Il est vrai que vous aurez peu de chance de tomber face à un spécialiste de ces notions, mais certaines fuites sont facilement interprétables par le tout-venant. Par exemple, en faisant une grimace, l'on comprendra aisément que la situation vous embarrasse. Parmi les autres conséquences néfastes des fuites émotionnelles, elles peuvent aussi perturber votre interlocuteur. Des gestes répétés attirent l'attention et détournent notre concentration, il risque alors de ne plus se concentrer sur vos paroles.

*Une personne qui fait une grimace avant de répondre à une question, il y a fortes probabilités qu'elle soit sur le point de mentir. Si elle regarde souvent la fenêtre ou la porte pendant l'entretien, elle veut très probablement fuir.*

Maintenant, je pense que vous avez saisi la méthode. Il vous faut limiter la communication gestuelle au minimum. Car mal contrôlée, elle peut énormément vous desservir lors de l'entretien. À la fin de ce chapitre, je vous donnerai un exemple d'exercice afin de mieux vous maîtriser. Les hommes politiques font un travail énorme sur leur gestuelle. En les observant lors d'un entretien télévisé, vous serez en mesure d'en retirer énormément d'informations.

## Adapter sa prise de parole

S'il y a une règle à retenir, ce serait celle-ci ! Lors d'un entretien, ne critiquez négativement personne, ni aucun organisme ni aucune entreprise. Pourquoi ? Parce que le cerveau humain ne retient en priorité que le négatif. Le rôle d'un interrogateur est de vous juger, il cherche à évaluer votre probable comportement au sein de la structure.

*Lors d'un entretien, n'employez aucun terme négatif : tout le monde est beau, tout le monde est gentil !*

Un conflit entre employeur et salariés cela arrive, en analysant vos ressentis et vos actions passées, il cherche à anticiper les futurs. Parfois, vous êtes dans votre droit, certains patrons ne respectent pas leur engagement. Mais face à un recruteur, vous ne devez montrer aucun signe de rancœur ou de colère, voire une envie de vengeance. Ci-dessous, nous allons simuler des questions / réponses. Pour chaque question, vous trouverez une bonne et une mauvaise réponse, et bien sûr une explication.

*Questions / Réponses :*

**Employeur :** avez-vous déjà eu un conflit avec un de vos employeurs dans le passé ?

**Vraie question employeur :** si un jour nous rentrions en conflit, comment allez-vous réagir ?

**Candidat :** oui, je n'ai pas obtenu un avancement promis par mon employeur, j'étais pourtant dans mon droit.

**Perception de la réponse par l'employeur :** vous avez tout intérêt à respecter vos promesses, sinon nous risquons fortement de rentrer en conflit.

**Réponse adéquate :** vous savez, manager des Hommes, cela parfois peut s'avérer légèrement complexe. Mais avec mes anciens employeurs, nous avons toujours mis un point d'honneur à échanger. En cas d'incompréhension mutuelle, nous nous mettions à la recherche d'une solution.

**Employeur :** avez-vous déjà eu un conflit avec un de vos collaborateurs dans le passé ?

**Vrai question employeur :** arrivez-vous à vous intégrer dans une équipe de travail ?

**Candidat :** cela m'est déjà arrivé à quelques reprises.

**Perception de la réponse par l'employeur :** parfois, je suis source de désaccord au sein d'une équipe.

**Réponse adéquate :** j'ai toujours su m'intégrer au sein d'une équipe, nous restions toujours dans une démarche d'échange et de respect mutuel, ceci afin de conserver une efficacité sur notre poste de travail.

**Employeur :** citez-moi vos plus gros défauts ?

**Vraie question employeur :** de quoi devrai-je me méfier ?

**Candidat :** parfois, j'ai du mal à me lever le matin, je suis un peu impatient. J'aime peut-être trop faire la fête le week-end.

**Perception de la réponse par l'employeur :** j'ai des chances d'arriver en retard le matin, je peux m'énerver facilement, je risque de perturber le travail de mes collaborateurs en parlant sorties.

**Réponse adéquate :** je ne peux pas parler de défauts, mais plutôt d'améliorations. J'espère m'améliorer sur mon poste de travail, et ainsi gagner en productivité.

Lors d'un entretien, vous n'êtes pas au tribunal, une totale franchise n'est pas de mise. Attention, je ne vous dis pas de mentir, mais dites les choses d'une manière avantageuse pour vous. Essayez de ne jamais utiliser de termes négatifs, même si votre dernier patron est parti avec l'argent de l'entreprise, parlez de lui en faisant ressortir le positif. Je tiens à préciser que la majorité des chefs d'entreprises sont des personnes parfaitement honnêtes. Ils souffrent, comme beaucoup, de la mauvaise publicité d'une minorité d'entre eux.

## Exercice de perfectionnement

Avant de vous présenter face à un recruteur potentiel, je vous conseille de vous exercer. Vous aurez besoin pour cela d'un interrogateur et d'une caméra (un téléphone portable fera très bien l'office). Vous l'avez bien compris, je vous demande de simuler un entretien. Ce dernier va se dérouler en deux phases : premièrement l'entretien puis le débriefing. L'interrogateur, qui peut être soit un ami soit un membre de votre famille, a pour rôle, autre que celui de poser des questions, de vous livrer ses impressions sur votre prestation. Il doit juste vous signaler s'il a apprécié ou non vos réponses, il doit vous indiquer s'il vous a trouvé à l'aise lors de l'entretien. Ne lui demandez pas des conseils, à moins qu'il ne soit un professionnel de la communication. Et, je précise qu'avoir obtenu un emploi grâce à un entretien ne fait pas d'une personne un professionnel. N'oubliez pas de vous filmer lors de l'échange. Au visionnage, faites attention que votre rythme ne soit pas ni trop lent ni trop rapide. Le rythme idéal est celui qui vous permet de vous exprimer de manière fluide et sans trop de bafouillages. L'intonation aussi doit être adaptée, ne parler pas trop faiblement. N'émettez aucune critique négative, et ceci sur qui que ce soit. Et surtout, faites attention à votre gestuelle : pas de micros-démangeaisons ni de micros-caresses.

*Points à surveiller :*
1. Soyez à l'aise dans votre rythme
2. Ne parlez pas trop faiblement ni exagérément fort
3. Pas de critique négative
4. Ne vous touchez pas le visage
5. Ne vous caressez les bras
6. Ne jouez pas avec un objet
7. Et ne regardez pas dans le vide

Je vais maintenant vous lister des notions importantes pour un employeur, en quelque sorte, ce qu'il aime entendre.

*Vous devez lui faire comprendre que ces dernières sont d'une grande priorité pour vous :*
1. Le bien-être et la satisfaction de la clientèle
2. L'intégration au sein d'une équipe ou de l'entreprise

3.  Votre apport pour la productivité de l'équipe ou de l'entreprise

4.  Le besoin personnel, certes important, ne doit pas passer avant le bien-être du groupe

5.  Vous souhaitez apporter vos compétences, mais vous souhaitez aussi que l'entreprise soit pourvoyeuse de nouveaux savoir-faire. C'est le partenariat.

Maintenant, c'est à vous de jouer, vous avez toutes les cartes en main. Je vous ai listé les questions les plus fréquemment posées lors d'un entretien. Pour vous aider, vous trouverez un astérisque en face des questions pièges. Ce sont celles qui entraînent le plus souvent des réponses à caractères négatives, alors attention !

### *Liste des questions :*

1.  Quels sont vos points forts ?
2.  Quels sont vos points les plus faibles ?*
3.  Qu'est-ce qui vous motive à venir travailler chez nous ?
4.  Où vous voyez-vous dans cinq ans ? Et dans 10 ?
5.  Pourquoi voulez-vous quitter votre employeur ?*
6.  Qu'avez-vous à offrir de plus qu'un autre ?
7.  Citez trois choses que votre manager précédent désirerait modifier chez vous.*
8.  Etes-vous disposé à déménager ?

9.   Etes-vous prêt à voyager ?

10.   De quelle réalisation êtes-vous le plus fier ?

11.   Expliquez-moi votre plus grosse erreur.*

12.   Quel est votre job de rêve ?

13.   Comment avez-vous pris connaissance de cette offre d'emploi ?

14.   Qu'aimeriez-vous réussir les 30, 60, 90 premiers jours de votre prise de fonction ?

15.   Résumez brièvement votre CV.

16.   Parlez-moi de votre formation en quelques mots.

17.   Décrivez-vous.

18.   Décrivez-moi une situation difficile dont vous vous êtes bien sorti.*

19.   Pourquoi devrions-nous vous engager ?

20.   Pourquoi êtes-vous à la recherche d'un nouvel emploi ? *

21.   Travailleriez-vous pendant vos congés ou week-ends ?

22.   Comment gérez-vous un client furieux ?*

23.   Expliquez-moi ce que vous avez fait entre la date X et la date Y sur votre CV.

24.   Quelle rémunération avez-vous en tête ?

25.   Qu'est-ce qui vous conduit à faire plus que le minimum nécessaire lorsque vous réalisez un projet ?*

26.   Qui sont nos concurrents ?

27.   Quel est votre plus gros échec ?*

28.   Qui admirez-vous ?

29.   Qu'est-ce qui vous motive ?

30.   Quand êtes-vous disponible ?

31.   Décrivez une situation lors de laquelle vous étiez en désaccord avec votre patron.*

32.   Comment gérez-vous le stress ?*

33. Comment s'appelle notre CEO ?

34. Quels sont vos objectifs de carrière ?

35. Qui ou qu'est-ce qui vous sort du lit le matin ?*

36. Qu'est-ce que vos collègues disent de vous ?*

37. Quels sont les points forts et les faiblesses de votre patron précédent ?

38. Si je téléphonais maintenant à votre patron et lui demandait où vous pourriez encore vous améliorer, que répondrait-il ?

39. Etes-vous plutôt leader ou plutôt suiveur ?

40. Quel livre avez-vous lu dernièrement pour vous détendre ?

41. Qu'est-ce qui vous rend heureux ?

42. Quels sont vos hobbys ?

43. Quel est votre site préféré ?

44. Racontez-moi vos expériences de leadership.

45. Qu'est-ce qui vous met à l'aise ?

46. Comment licencieriez-vous quelqu'un ?

47. Qu'est-ce qui vous amuse le plus et le moins dans votre travail ?

48. Seriez-vous prêt à travailler plus de 40 heures par semaine ?

49. Quelles questions importantes je n'ai, selon vous, pas posées ?

50. Quelles sont vos questions ?

# CONCLUSION

J'espère que la lecture de ce livre vous aura apporté beaucoup de réponses. Mais surtout, j'espère qu'il aura permis l'ouverture de nouvelles perspectives. Trouver un emploi, ce n'est qu'une question de volonté et de sacrifices. Alors posez-vous la question, que suis-je prêt à perdre afin d'obtenir le poste tant désiré ? Très souvent, nous voyons à télévision des stars du cinéma, du sport ou de la chanson mener la belle vie. Nous les envions, mais nous avons tendance à oublier les difficultés et les sacrifices qu'ils ont dû consentir afin de vivre leurs rêves. Contrairement aux idées reçues, il y a très peu d'élus pour une énorme quantité de candidats. Il ne tient qu'à vous de vivre vos rêves, mais il ne tient aussi qu'à vous de consentir aux sacrifices nécessaires. Mettez l'accent sur votre image, car tout n'est qu'association. Donnez envie à l'entreprise de s'associer avec vous. Et lors de votre recherche, n'oubliez jamais ce fait : l'entreprise sera toujours prête à vous fournir les compétences manquantes, mais elle ne travaillera jamais sur votre image.

# MODÈLE DE CV

---

| | |
|---|---|
| **Cédric NIELLS** | 1 Boulevard XXXXXX |
| Ouvrier polyvalent | 97388 XXXXX |
| 25 ans | Tel : 0690.XX.XX.XX |
| Permis B | cedric.niells@XXXXX.com |

---

## Compétences

- Connaissance et application des règles et consignes de sécurité
- Formation aux techniques d'application d'enduit
- Utilisation d'outillages électroportatifs (scie électrique, ponceuse, …)
- Montage d'échafaudage

- Techniques de peinture à la brosse, et à la taloche
- Chiffrage / Calcul de coût, établissement de devis
- Techniques de maçonnerie
- Techniques de traçage
- Lecture de plan

## Expérience professionnelle

**Aout 2013 - novembre 2014**   STRATEGEO BATIMENT
Ouvrier polyvalent
Peinture, pose du carrelage

**Janvier 2011 - novembre 2012**   XXXXXXXXXX
Ouvrier polyvalent
Maçonnerie, peinture

## Expérience professionnelle

**2010 - 2011   Centre de formation XXXXXXXX**
**Formation qualifiante de maçon**
Bâtir des ouvrages en maçonnerie
Réaliser des enduits et des ouvrages de finition
Réaliser des ouvrages en béton armé coffrés en traditionnel
Réaliser des dallages et des planchers type dalles pleines ou poutrelles et hourdis

**2008 - 2009   Lycée XXXXXXXX**
**CAP peintre applicateur de revêtement**
Atelier de peinture
Communication technique : lecture de plans et technologie du métier
Prévention Santé Environnement incluant le « sauveteur secouriste du travail »
Enjeux énergétiques et environnementaux
Travail en hauteur

## Loisirs

**Champion de France de Judo 2005**
**Association Jeunes de quartier : animateur**

# MODÈLE DE LETTRE DE MOTIVATION

Prénom Nom
Adresse
Code postale Ville
Téléphone
Adresse mail

Nom de l'entreprise
A l'attention de Monsieur
Fonction
Adresse de l'entreprise
Code postale Ville

A ville, le 28/07/2014

Objet : Candidature au poste d'ouvrier polyvalent

Pièce jointe : Curriculum Vitae

Madame, Monsieur,

Dans l'objectif d'obtenir la satisfaction de votre clientèle, il vous est absolument nécessaire de maintenir un haut niveau d'expertise. Vos salariés se doivent aussi de posséder un degré de compétences à la hauteur des missions confiées. Pour un rendu de qualité, une indépendance et un sens des responsabilités sont de mises.

Lors de mes différents emplois occupés, j'ai toujours privilégié le maintien d'une bonne qualité de relations avec la clientèle. J'ai su maintenir la réputation de mes employeurs, ceci grâce à mes compétences et mon rythme de travail soutenu.

Je suis actuellement à la recherche d'un partenariat avec une structure, afin de pouvoir m'épanouir professionnellement. Vous trouverez en pièce jointe mon curriculum vitae, détaillant mes différentes compétences. Pourrions-nous disposer d'un rendez-vous afin que je puisse vous exposer mes motivations.

D'ores et déjà, je peux vous garantir que je mettrais tout en œuvre pour vous donner entière satisfaction. Je reste par ailleurs à votre disposition pour vous fournir tous renseignements complémentaires.

Veuillez recevoir, Madame, Monsieur, mes salutations distinguées.

Prénom Nom

# NOTES

[1] Lorens, K (1969). *L'agression*. ed: Flammarion.

[2] Mucchielli, R. (2008). *La dynamique des groupes*. ed: ESF éditeur

[3] Heilbrunn, B (2012). *La consommation et ses sociologies*. éd : Armand Colin

[4] Lendrevie, J., Lévy, J., et Lindon, D. (2003). *Mercator*. éd : Dalloz

[5] Cudicio, C. (2004). *Le grand livre de la PNL*. éd : Eyrolles.

[6] Tchakhotine, S. (2009). *Le viol des foules par la propagande politique*. éd : Gallimard

[7] McDonald's. *Conditions requises pour un partenariat en franchise*. Consulté le 14/02/2015, sur www.mcdonalds.ch : http://www.mcdonalds.ch/fr/entreprise/franchise/condition

[8] Carré, P., et Caspar, P. (2011). *Traité des sciences et des techniques de la formation*. éd : Dunod

[9] Rezsohazy, R. (2006). *Sociologie des valeurs*. éd : Armand Colin

[10] Rezsohazy, R. (2006). *Sociologie des valeurs*. éd : Armand Colin

[11] En psychologie sociale, la dissonance cognitive est la simultanéité de cognitions qui entraînent un inconfort mental en raison de leur caractère inconciliable.

[12] Léon Festinger est un psychosociologue

américain, Il est notamment l'auteur de la théorie de la dissonance cognitive

[13] C.F. Vaidis, D. (2011). *La dissonance cognitive.* éd : Dunod

[14] L'information provenant de la majorité (autrui) est considérée comme une preuve de vérité.

[15] Wikipédia (19 Septembre 2014). *Muzafer Shérif - la normalisation.* Récupéré sur Wikipédia : http://fr.wikipedia.org/wiki/Muzafer_Sherif

[16] Les 25% restant sortent de votre bouche, mais ils sont composés de l'intonation, et du rythme de votre voix. Le choix des mots représente une partie infime de la communication.

[17] Pierson, M.-L. (2004). *Valorisez votre image.* éd : eyrolles

[18] Ministère du travail, de l'emploi, de la formation professionnelle et dialogue social (22 janvier 2013). *L'embauche par un groupement d'employeurs.* Récupéré sur http://travail-emploi.gouv.fr/: http://travail-emploi.gouv.fr/informations-pratiques,89/fiches-pratiques,91/embauche,108/l-embauche-par-un-groupement-d,975.html

[19] Direction de l'animation de la recherche, des études et des statistiques (2014). *les mouvements de main-d'oeuvre en 2013.* Ministère du travail, de l'emploi, de la formation professionnelle et du dialogue social

[20] Stepstone. *Travailler au Pays-Bas.* Consulté le 15/02/2015, sur www.stepstone.fr : http://www.stepstone.fr/conseils-de-carriere/travailler-a-l-

etranger/emploi-pays-bas.cfm

[21] Simon, H., Jacquet, F., et Brault, F. (2011). *La stratégie prix.* éd : Dunod

[22] Journal de Montréal (19 mars 2015). *Le vrai coût des écouteurs Beats by Dr. Dre révélé.* Consulté le 7 avril 2015, sur http://www.journaldemontreal.com : http://www.journaldemontreal.com/2015/03/19/le-vrai-cout-des-ecouteurs-beats-by-dr-dre-revele

[23] Kebbani, N. (2012). *Améliorez la visibilité de votre site grâce au référencement.* éd : Site du Zéro

[24] Turchet, P. (2000). *La synergologie.* éd : Les éditions de l'Homme